3~6岁对了，一辈子就对了

王银杰 ◎ 著

中国经济出版社
CHINA ECONOMIC PUBLISHING HOUSE
·北京·

图书在版编目（CIP）数据

3～6岁对了，一辈子就对了 / 王银杰著.
--北京: 中国经济出版社, 2019.7
ISBN 978-7-5136-5270-4
Ⅰ.①3… Ⅱ.①王… Ⅲ.①学前儿童—家庭教育 Ⅳ.①G781
中国版本图书馆CIP数据核字（2019）第000800号

责任编辑 海 毅 高晓晔
责任印制 巢新强
封面设计 尚世视觉

出版发行 中国经济出版社
印 刷 者 北京艾普海德印刷有限公司
经 销 者 各地新华书店
开 本 880mm×1230mm 1/32
印 张 8
字 数 168千字
版 次 2019年7月第1版
印 次 2019年7月第1次
定 价 39.80元
广告经营许可证 京西工商广字第8179号

中国经济出版社 网址 www. economyph. com 社址 北京市西城区百万庄北街3号 邮编 100037
本版图书如存在印装质量问题，请与本社发行中心联系调换（联系电话：010－68330607）

前言

PREFACE

我国有一句古语，“三岁看大，七岁看老”，简单明了地概括了幼儿心理发展的一般规律。三岁和七岁在古代虽然只是一个概数，但却已被现代科技证明是非常有道理的。所以，身为父母，要把握好孩子3～6岁的黄金期，按照孩子的自身特点和潜能，加以培养和引导，让孩子们健康快乐地成长。

3～6岁的孩子正接受幼儿园或学前教育，这一时期也是孩子迸发各种兴趣和各方面飞速发育成长的阶段，即所谓的“幼儿敏感期”。敏感期教育符合于蒙台梭利提出的儿童教育模式，后来又有很多专家学者给幼儿敏感期赋予了不同的定义和内涵，大致内容如下表所示。

蒙式幼儿敏感期发展总表

年龄段	所处敏感期
0～6岁	语言敏感期
2～4岁	秩序敏感期
0～6岁	感官敏感期
1.5～4岁	对细微事物感兴趣的敏感期
0～6岁	动作敏感期
2.5～6岁	社会规范敏感期
3.5～4.5岁	书写敏感期
4.5～5.5岁	阅读敏感期
6～9岁	文化敏感期

从上表可以看出，如果不考虑婴儿期（0～3岁），3～6岁是各类敏感期叠加碰撞的关键时期。此时，父母若能针对孩子特殊的心智和能力表现进行有效的教育和引导，将为孩子未来的智力发展、情商提升及学习能力的养成等打下坚实的基础。

很多父母都不懂得“幼儿敏感期”这一概念，因此对于孩子在敏感期表现出来的种种行为感到很困惑，甚至焦虑重重。例如，孩子吃手，哭闹，沉默不语，骂人，打人，偷摸生殖器，在公众场合大喊大叫不听话，与家长对着干，各种搞破坏……这些可以说是典型的敏感期表现。如果父母把孩子的这些行为误当成“有毛病”“多动症”“熊孩子不乖”等，不加分析，一味地予以斥责和制止，就会违背孩子的天性，破坏其内心的敏感性，对孩子的发展极为不利，而且孩子也会觉得痛苦，从而埋下心理隐患。

父母要懂得，教育孩子不应该只看表面，要探究孩子行为背后的深层原因，这样才能对症下药，施以正确的引导和培育。所以说，读懂孩子，抓住孩子的成长敏感期，解开孩子行为背后的心理密码，让孩子的各项能力在黄金期得到有效的提升和发展，从而为其一生奠定基础，是父母的必修课。

针对家长的需求，笔者特编写本书，供家长学习参考。全书从孩子的成长规律、心理发展规律、生理心理学、神经医学、行为心理学等专业角度，解读幼儿敏感期的特点和规律，实实在在帮助父母摆脱养育焦虑，让父母学会运用科学方法为孩子成长助力，让孩子平安、健康、快乐地成长。这是家长的希求，也是本书出版的目的。

目录

CONTENTS

第1章 语言让思维变得更敏锐

毋庸置疑，语言对个体发展与人类社会发展有着重要的意义。人类行为总是同现实生活中的语言交织在一起，所以语言是让思维变得敏锐的重要因素。3～6岁是孩子语言发展的超级敏感阶段，将为其一生发展奠定坚实基础。父母要善于抓住这一时期孩子的语言表现，积极引导，营造丰富而良好的语言环境。随着语言能力的提高，孩子的思维、认知、情感乃至其他诸多方面的能力都会得到全面提升。反之，如果错过了这一阶段，将会给孩子终生带来难以弥补的缺憾。

语言的发展是孩子全面发展的前提 …… 2

不会说话的，都会说话了 …… 6

对语句意思感兴趣——语言理解的“初级阶段” …… 10

对答如流——语言理解和思维能力增强 …… 13

认字，只是一种宏观的形象 …… 16

主动修正自己语法中的错误——发现语法关系 …… 19

语言暴力——继续感知语言的“力量” …… 23

给孩子创造正确、多元化的语言环境 …… 27

用游戏发展孩子的语言能力 …… 30

第2章 执拗是孩子努力维持心理秩序的表现

3～6岁的孩子，常常是“我说了算”“按我说的做”“按我想的重来一次”……稍不合心意，他们就会大哭大闹，父母不理解孩子为什么这么任性。其实，这些异常反应都是孩子努力维持心理秩序的表现。此时，父母能做的就是倾听，平心静气等待孩子发完脾气后，告诉他可以用智慧而不是任性去解决问题。父母切忌谴责孩子，要知道耐心是最重要的。

执拗的孩子长大更容易变通 …… 36
不让他动他偏动——好奇心驱使 …… 39
给他讲道理他不听——专注点在他在乎的事上 …… 42
让他读2他偏读3——也许在表达他理解的秩序 …… 45
故意摔坏自己的玩具，孩子心理已受到伤害 …… 47
追求完美——秩序感爆发 …… 50
要求遵守规则——孩子的规则意识展现 …… 53
解决孩子的执拗问题——理解、耐心、变通 …… 56

第3章 社会敏感期为孩子拉开人际关系的大幕

6岁前是孩子智力发展的最佳时期，也是良好性格与品质养成的关键时期。教育界有“社会敏感期”一说，也有“社交智能”一说。3～6岁是孩子的社会敏感期发展阶段，抓住这段时期开展教育，可以达到事半功倍的效果。如果错过了这一时期，长期让孩子处于小范围环境中，加上家人的迁就、纵容，孩子不爱与他人交往，就会导致性格上的缺陷。所以，父母要为孩子做好社交榜样，让孩子在耳濡目染中，学做一个社交小达人。

人小也渴望交往 …… 60
幼儿园——孩子社交的第一个训练营 …… 64
占有某种东西——感觉占有、支配自己所属物的快乐 …… 67
不等价交换——价值和友谊没关系 …… 70
课堂捣乱——多动症？“哗众取宠”？ …… 73
欺凌，被欺凌——从个性和教养上找原因 …… 76
我要“结婚”！——孩子的婚姻敏感期到了 …… 80

第4章 自我认知帮助孩子更好地认识自己

人的一生就是探索自我的过程，认识自我是人生之旅的出发点，也是实现自我价值的基础。尼采曾说："聪明的人只要能认识自己，便什么也不会失去。" 3～6岁的孩子，自我认知敏感期已经到来，此时他们会询问很多有趣的问题，如"我从哪里来？""我是男孩还是女孩？""我是谁？""我是好孩子吗？"，等等。这些问题其实是他们想要更好地认识自己的外在表现，需要大人合理地解释和引导，这对孩子后续的成长及自我价值的实现有着重要意义。

自我意识的形成，有益于人格魅力的养成 …… 84
打听出生——孩子安全感最早的来源 …… 86
我是男孩还是女孩——性别确认敏感期到了 …… 89
了解自己的基本信息——对自己有一定的了解 …… 93
"我是好孩子"——自我认知表现出心理特征 …… 96
喜欢角色扮演游戏——身份摸索的兴趣 …… 99
胆小，不自信——自我认知的另类表达 …… 102
对孩子的提问要给予科学和客观的回答 …… 105

第5章 文化敏感期为学习打好基础

文化敏感期是孩子汲取科学知识的重要时期。虽然有研究表明，在3～6岁这个阶段，孩子对文化知识的掌握有些难度，但是他们的学习能力已崭露头角。这个时候对孩子进行一些必要的指导和培养，帮助孩子积累文化底蕴，对于孩子的智力发展以及后续的学习习惯养成有着重要的作用和意义。

孩子的文化敏感期始于3岁 …… 108
看懂电视里的故事情节——理解力增强 …… 110
爱听妈妈讲故事——理解文字的魅力 …… 113
喜欢问"为什么"——有探究事物奥秘的需求 …… 116
用声音、动作等模拟生活情景——文化创造力的表现 …… 119
自行写名字——文字理解和使用能力增强 …… 121
多陪孩子玩有文化渗透的游戏 …… 124

第 6 章 空间艺术敏感期是想象力与创造力的萌芽

空间涉及我们看到的每件事物，包括看到或想到的形状、特殊模型和图案、具体和抽象的图画、颜色和纹理等。所谓空间智能，就是一个人精确地感知视觉世界，以及对自己的视觉经验进行再创造的能力。画家、雕刻家、建筑师、园丁、地图绘制者、平面造型设计师等都是空间艺术感超强的人士。3 ~ 6 岁是孩子空间艺术敏感期的发展阶段，父母要善于利用这一时期，合理地引导，帮助孩子形成良好的空间艺术感，这对培养他们的想象力与创造力大有裨益。

孩子是世界上最敏锐、最热情的观察者 …… 128

剪、涂、贴……是乐趣，也是在探索空间 …… 130

喜欢垒高高、钻箱子等——感知空间几何 …… 133

画一个由二至四部分构成的人体——抽象思维展现 …… 136

喜欢泥塑等艺术作品——难得的艺术家思维萌发 …… 138

给孩子营造一个有创意的环境 …… 141

第 7 章 情感表达敏感期为情商蓄能量

3 ~ 6 岁的孩子情感表达已经很直白，比如会主动亲吻父母，会向父母说“我爱你”，会与大人的情绪产生共鸣，会因外界环境的变化或喜或悲……这个时期，孩子的情感表达属于本能，也较为丰富，父母一定不要错过提升孩子情商的好时机。

高情商的孩子一辈子都幸运 …… 146

主动亲吻父母——对亲近的人表达爱 …… 148

要妈妈全心全意只陪自己——对情感有了寄托和思考 …… 151

对委屈特别敏感——情感需求落空 …… 154

会安慰人——共情表现 …… 157

提醒爷爷吃药——把亲近的人放心上 …… 160

孩子的情感要积极回应，更要理智对待 …… 163

陪孩子玩情感表达游戏 …… 165

第8章 动作敏感期有心理发展和探索空间的双重需要

摇摇摆摆行走的宝贝突然有一天鼓着小小的身体试图撑破束缚，他们开始用手脚来“破坏”这个世界。他们的小手可以做更精细化的动作，可以单脚跳或翻跟斗……这时我们不必惊奇，因为孩子已经进入了动作敏感期的更高一层。蒙台梭利说：“运动除了能够增强体质之外，对心理发展本身也起着非常重要的作用。”动作敏感期也是孩子探索空间的敏感期，通过不断运动，形成空间概念。这是孩子内心世界的一种双重需要。在这一时期，我们要学会观察和引导，而不是呵斥和制止。

运动能力强的孩子聪明有活力 …… 168
喜欢“搞破坏”——探索和研究能力展现 …… 172
开始使用一些工具——心智和精细动作协同发展 …… 176
单脚跳或翻跟斗——大运动能力又上一台阶 …… 181
能行走1千米左右——运动能力增强 …… 186
带孩子开展不同的室内外运动 …… 190

第9章 数学敏感期提升孩子的数理逻辑智慧

为什么有的孩子从小就对数学感兴趣，好像自带天赋，而有的孩子总是谈“数”色变，害怕数学呢？原因在于，害怕数学的孩子有可能在数学敏感期内没有获得很好的教育。当孩子开始对数、数字、数量关系、排列顺序以及数的运算突然产生兴趣，并对其中的种种变化有着强烈的求知欲时，就表示孩子的数学敏感期到了。蒙台梭利认为2～6岁是孩子一生中最重要的数学敏感期。尤其是4岁以后，孩子的数学敏感期更为突出。此时父母需要认真对待，循序渐进激发孩子学习数学的兴趣。

数学成绩好的孩子，逻辑思维能力强 …… 194
喜欢数各种可以数得出来的东西——对数字表达感兴趣 …… 199
关注抽象的符号——数理逻辑智能显现 …… 203
运算越来越好玩了——对数字运算产生兴趣 …… 207
会借助外部工具——将数学与生活联系起来 …… 210
把数学当成游戏，挖掘孩子的数学潜能 …… 214

第10章 生活能力的培养让孩子更优秀

一个优秀的人，一定是一个生活能力强的人。所以，对于孩子生活能力的培养，应该是父母必做的一项重要工作。3岁后，孩子的生活能力已开始发展起来，在这个时期要抓紧时间积极地引导孩子，培养他们良好的自理能力，为其长大后有条不紊地安排自己的生活，过得幸福美满，打下坚实的基础。

每一个优秀的人都是一个会生活的人 …… 218

在提醒下能按时睡觉、起床——生活习惯培养中 …… 220

在帮助下自己穿脱衣服——自理能力越来越强 …… 223

自己控制大小便——生物控制能力增强 …… 225

接受健康饮食——明白健康的概念 …… 229

能将玩具和书放回原处——理解生活规则 + 多种智能增强 …… 233

开始练习使用筷子——学习生活技巧兴趣盎然 …… 236

向警察和相关人员介绍自己的情况——学习自我保护 …… 239

多向幼儿园学习培养孩子自理的技巧 …… 243

第 1 章

语言让思维变得更敏锐

毋庸置疑，语言对个体发展与人类社会发展有着重要的意义。人类行为总是同现实生活中的语言交织在一起，所以语言是让思维变得敏锐的重要因素。3~6岁是孩子语言发展的超级敏感阶段，将为其一生发展奠定坚实基础。父母要善于抓住这一时期孩子的语言表现，积极引导，营造丰富而良好的语言环境。随着语言能力的提高，孩子的思维、认知、情感乃至其他诸多方面的能力都会得到全面提升。反之，如果错过了这一阶段，将会给孩子终生带来难以弥补的缺憾。

语言的发展是孩子全面发展的前提

语言的发展是孩子全面发展的前提、终身发展的基础。我们说一个孩子聪不聪明，不光是要看他能不能做出来，还要看他能不能说出来。因为语言是思想的直接体现，“聪明”如果只在脑子里，说不出来，那也是不完美的。如果不能借助语言这个“媒介”汲取外界的信息和能量，那么孩子的智能发展也会受阻。

一个大学校园里的优秀学生，毕业时，因为口才不佳，被分配到乡镇上的一所中学当教师。结果，由于口才不佳，满腹的才华无法用语言表达出来，连三尺讲台都不能站。又被分配到学校的实验室当一名实验室老师，天天默默无闻地整理教学器械，多少让人觉得遗憾。

从上面的例子我们可以看出，语言对于一个人一生的发展和运气有多重要。所以培养孩子的语言能力，是家庭养育的重点之一。

通过语言，孩子才能脱离不标准的动作和形象，从而开始抽象的逻辑思维。

幼小的孩子，即使饿了、渴了、尿了……因为不会用语言表述，所以他们很难表达出自己的意愿和身体状况。即使有肢体动作，也很抽象，大人多数不明白。孩子大些时，尤其是3岁之前，虽然会用一些简单的语句来表达自己的意愿，但是语法和语义等发展得不完整，很多时候，大人很难理解他们“说”的意思，多数还是靠“猜”来理解他们的话。而到了三四岁以后，孩子掌握的句子多了，语法和语义也运用得熟练了，这个时候，他们会准确地表述自己的意思，就体现出语言对于人的思维和生存的重要价值。而在这一过程中，也体现了孩子更深层次的智能发展程度，说明他们已经可以借助语言，脱离不标准的动作和形象，开始进行抽象的逻辑思维了，所以他们才会说得越来越准确、越来越好。

语言是思维的工具，有了语言才能对事物进行概括和间接的反映。语言的发展对思维能力的提高有很大的作用。

我们看见一株粉红的桃花，它的颜色、形状、香味，刺激着我们的感官，使我们对它有一种感觉和知觉。当我们离开这株桃花后，它也会在我们的脑子里留下一种感觉和知觉。可是，有了桃花的感觉和知觉以及表象，并不意味着我们对于桃花有了某种思想。

我们必须把它分解成“花”作为现象的对象，“红”作为该对象的属性，才能够有“这是一株桃花”或“这株桃花是粉红的”等思想。在这个分解过程中，没有语言是不行的。

心理学家普遍认为，儿童早期语言能力的发展是他们认知发展的标志。语言不仅是人们的交际工具，而且是人们进行思维的工具，没有语言就不可能进行抽象的思维。儿童在掌握语言之前，要认识一个物体的特征，必须通过看看、闻闻、摸摸，对该物体的各个部分和各个特征进行直接的感知。儿童掌握语言之后，就能间接、概括地认识事物。同理，小宝宝在认知一些事物的时候，如玩各种颜色的形状拼图，开始玩时，他只会从直观的形状和颜色来考虑选择和搭配，如果语言发展到一定的程度之后，他就可以在语言提示或理解的情况下找出“红色的三角形”“黄色的四边形”等形状。这就体现了语言对于思维能力提高的重要作用，并且，这种表现还会体现在诸多方面，如空间智能、逻辑思维能力、艺术感，等等。

另外，语言是直接和思维联系的，无论人的头脑中会产生什么样的思想，以及这些思想在什么时候产生，它们只有在语言材料的基础上，在语言的术语和词句的基础上才能产生和存在。由此可见，没有语言就无法进行思维；没有语言，也就无从交流思想。

总之，语言是人认知事物、表达思想、进行人际交流、记载信息、加强记忆、帮助思维等多方面的载体，甚至可以说是认识世界、改造世界的“武器”。所以当幼儿的语言敏感期来临时，家长要好好利用这个机会，积极培养孩子的语言能力，为孩子其他方面的发展打下基础。

不会说话的，都会说话了

3岁了，宝贝们基本上都会说话了，并且有的孩子语言能力发展得相当不错，说话说得“相当溜”，说学逗唱，样样能行。有的可能还弱一些，但是会说简单的词或语句，应该是没问题的。如果孩子3岁还不会说话，就要找找原因了，是教养的问题，还是生理的问题，需要求助医生，必要的时候可求助心理医生，找出原因，积极引导处理。

♡ 敏感期表现

小贝3岁生日过了，可是说话还不利索，因为她说话比较晚，快2岁时，也只会说简单的句子，包括叫“爸爸”“妈妈”都能憋得满脸通红。到3岁时，小贝的语言能力突飞猛进地提高起来，甚至快追上同龄孩子的水平了，但还是稍有差距，一说急了，就语无伦次、满脸通红。

小贝的邻居晨晨小朋友，和小贝年龄差不多大，属于那种语言发展得不错的孩子。据奶奶说，晨晨1岁多的时候，说话就很清楚，非常有条理，逻辑清晰。到3岁的时候，更是不得了，字都认识好几十个了，儿歌背得很溜。

小贝妈很懊恼小贝说话迟，为什么和别的同龄小朋友比起来，差了一大截！不过让小贝妈庆幸的是，小贝会说话了，至少生理上没有问题。

♡ 育儿心经

婴儿从出世便踏上了学习语言的征程。0~1岁，孩子与语言有关系的生理器官及心理素质有了一定的发展，能够理解一些简单的话语，并开始说出简单词语。之后的很长一段时间，孩子的语言能力都在逐渐提高中，词语越说越多，句子越说越长。

大约到2岁半以后，尤其是3岁左右，儿童的语法发展到复杂句阶段。这一阶段的主要特点是：关联词语使用渐多，出现了较多的修饰语；单句逐渐完整，趋流畅；表达逐渐丰富明确，不合格的句子逐渐减少。

大约到了3岁或3岁半，儿童已经基本掌握了常用句型，到了五六岁时，口语已经基本掌握。

通过上面的分析，我们明白孩子的语言发展是有一定规律的，一般孩子在3岁左右，就大都会说话了。

专家支招

那么在3岁左右，孩子还不会说话怎么办？并且孩子过了3岁以后，如何引导他更好地发展语言能力呢？

（1）认真审查你的孩子到底会不会说话

我们说孩子到3岁还不会说话，是大人自己的感觉，还是孩子真的连一个词都不会说？这需要区别对待：

如果你的宝宝3岁还不张口说话，任何发音都不具备，尤其是一个词都不会说，就要考虑去看医生了，查耳查体，警惕生理性疾病导致的不会说话。另外，还要考虑心理因素，如孩子自闭等，也会导致不说话。生理和心理引起的，需要就医，积极治疗引导。

如果你的宝宝3岁会说话，但只会一个词一个词地往外蹦，说不出一句完整的话，或者只能说简单的话，和同龄小朋友比“差远了”，就需要考虑教养方式对不对。例如，有些家长急躁，吼喝孩子，孩子不敢说；还有些家长习惯“帮”宝宝说话，宝宝语言得不到有效的锻炼，语言表述能力发展得比较缓慢；还有的孩子本身胆小，语言发展缓慢，说话也不利索；等等。针对孩子的具体情况，大人要改变教养方式，积极引导，对症下药，孩子终会说得很好。

（2）抓住敏感期，培养孩子说话

幼儿心理研究和长期的教育实践证明：3~6岁是人的一生中掌握语言最迅速、最关键的时期。

蒙台梭利式教育建议3岁前，家长的首要任务就是对着孩子多说话，并及时地应答孩子发出的各种声音信号。长此以往，孩子便熟悉了这种运用声音交流表达信息、情感的方式。这是发展孩子语言、开启孩子社会化进程的第一把钥匙。

3岁之后，孩子口头语言的表达和理解能力将会有非常大的进步。这个时候大人除了和孩子多说话之外，还要注意自己的言谈举止，注意对孩子语言的回应和与孩子说话时的态度、表情、语气、语调，注意用自己良好的语言表达能力和读写的兴趣、习惯感染孩子。还可以为孩子提供丰富的语言环境，尤其是故事环境、阅读环境、社交环境等。如果有条件的话，家长还可以在家中同时为孩子进行第二语言的随机教育。

父母如果能配合孩子语言发展的步调，提供他们需要的帮助，孩子语言的发展就会更胜一筹。

对语句意思感兴趣——语言理解的“初级阶段”

随着年龄的增长，孩子对语言的理解能力越来越强，并且对句子的意思也超级感兴趣了。孩子会对语言有了提问和理解表述，这说明孩子更关注语言，开启了语言理解阶段，是学习语言的好时机。家长要注意积极引导，这对于语言后续的学习、使用有重要的意义。

敏感期表现

糖果3岁左右开始，对句子的意思特别感兴趣，她会经常在听到一句话后，用一种不太标准的语句形式提问。例如，妈妈说：“这个鼠标好小巧！”糖果听见后会问：“妈妈，小巧干啥？”再如，妈妈说：“唉，真好，失而复得了！”糖果又会问：“失而复得干啥？”很多类似的问题，说明孩子已经在关注语句中的“特殊词”“新词”“重点”……对于糖果这样3岁左右的宝宝来说，对语言的思考有了更直观的表达，这是进入语言学习的重要阶段。

♡ 育儿心经

3岁左右的宝宝能够一次讲很多话了，别人说的大部分话，他都能理解，也能沟通或者按语言行动。大一些的孩子还会问一些“无厘头”的关于语言的问题（所以就有了市面上很多关于回答宝宝“童言稚语”的书），这就表明孩子已经有了运用语言和思考语言的非凡能力，已经开启了向复杂化语言学习的阶段。

语言学家提醒我们，应为孩子对语言的思考和早期的语言创造行为（提问也是一种语言创造）感到自豪，而且大人要积极地准备和引导，在语言学习上助孩子一臂之力。

♡ 专家支招

当孩子表现出语言理解的敏感信息时，大人需要做的是：

（1）认真倾听，积极回应

把孩子当作一个在成长中的“人”，认真对待他说的每一句话，尤其是提问，用孩子听得懂的语言，进行陈述和引导。不要给孩子设限，鼓励说，鼓励问，陪着说，陪着问……随着孩子对语言的理解和词汇的增长，他会越来越对语言感兴趣。

（2）寓教于乐，将教育意图隐藏起来

可以引导孩子对日常生活中的一些主题活动进行交谈，如围绕做饭、洗澡、穿衣服、浇花、购物、散步、拜访等活动展开交谈。通过交谈，孩子吸收语言多，理解语言也快。

还可以在某些主题活动的基础上扩展一下，如“做饭”的主题，可以邀请更多的人来参加。家长扮演倾听和鼓励的角色，让孩子和大家你一言我一语地热情互动。这就是高明的语言教育艺术，能起到“润物无声”的教育作用。

对答如流——语言理解和思维能力增强

生活中不乏3～6岁的小宝贝们“能说会道”的场景，有的还会“讲大道理”，连大人都“说不过”，让人都觉得这类孩子“成精”了。其实，这是正常的语言发展过程，大人要注意积极正面地引导。

♡ 敏感期表现

有一天晚上，3岁零10个月的诚诚、6岁的瑶瑶和妈妈正在看一个《小小荧星》的节目。节目中出现了一个小男孩，三四岁的样子，说学逗唱，捧哏、逗哏非常棒。妈妈不由得感叹了一句：“看看人家，再看看你俩。啥时候你俩也能像人家一样！”诚诚和姐姐则反驳妈妈：“那是妈妈没培养，培养起来，我们比他更牛！”妈妈听后：“得得，你俩还来劲了。再培养10年，你俩也成不了人家那样！”姐姐不屑，诚诚随即背起了“天上有个日头，地下有块石头，嘴里有个舌头，手上有五个手指头。不管是天上的热日头，地下的硬石头，嘴里的软舌头，手上的手指头，还是热日头、硬石头、软舌头、手指头，反正都是练舌头”。虽然有些咬字还不很清楚，但还是很顺利地背诵下来了。妈妈投降：“嗯嗯，不错，也算对答如流了！”

育儿心经

我们不能要求孩子像上电视台表演节目的小荧星一样能说学逗唱，样样精通，因为那毕竟是经过训练和准备的结果。按照正常的发展，3~6岁的孩子，语言发展水平已经可以用“对答如流”来形容了，并且答案的逻辑性都“比较完美”，不会答非所问。

这是孩子语言敏感期又达到一个新高度的体现，孩子对语言的理解和思维以及运用能力增强了。因为只有理解语言才会反应快，才能有问有答、对答如流。

专家支招

在孩子对语言的理解和思维能力都增强的基础上让孩子的语言更好地发展起来，就要继续和孩子玩问答的游戏。可以从以下两个方面展开。

（1）可以同孩子自然地沟通交流

在生活中，家长要多和孩子交流，积极回答孩子的问题。同孩子交流时，家长要集中注意力听孩子说话，注意观察孩子的表情，从而决定自己说话的内容、方式、语气、节奏、速度，引导孩子对事物形成正确的看法。

（2）让孩子将语言学习与日常生活中的经验很好地联系起来

在为孩子创设尝试通过游戏学习语言的情境中，家长还担负着另外一个责任，就是除了问答，还要扩展到其他的教育目的中。比如将问答引入包含韵诗、歌曲、俗语、格言、双关语及绕口令等形式的游戏中。这有助于孩子智力的开发，也是孩子进一步学习语言的基础。

认字，只是一种宏观的形象

很多父母，尤其是一些教育“功利心”比较强的父母，总喜欢让孩子早识字。其实孩子早识字并不是一件好事，因为孩子的语言发展是有规律的，“拔苗助长”要不得。

敏感期表现

雨桐上幼儿园过渡班的时候，是3岁零3个月。幼儿园的老师为了让小宝贝们认识自己的小板凳，在小板凳上都贴上了小朋友们的照片，还写上了名字。很多小朋友都只是靠认识自己的照片来找到自己的小板凳，可雨桐不是，她通过认识自己的“名字”找到了自己的小板凳。

鹏鹏5岁，已经上学前班了，但是他认识自己的名字，却不会写自己的名字。每天放学回到家后，课后作业都需要爸爸妈妈帮忙读懂题目，他才能写。这说明鹏鹏的识字水平不高。

育儿心经

上面案例中的雨桐应该算是语言智能在“认字”这一块发展得比较早的，而鹏鹏的语言能力发展则体现了大多数孩子的普遍水平。有心理学家和语言学家研究了幼儿辨认字母的能力，认为5岁前的孩子有很多接触韵诗、歌曲、字母、图画书的非正式经验，每天与父母的交流使他们对识字有一定的感受能力，但孩子早期的认字只是一种“宏观的形象”，即文字作为一种符号，虽然它可以用来表示事物、观念和经历……但孩子认字就只是一种“符号”感，并不是真正意义上的识字。就像一种“图画”一样，即使孩子认识，也只是在“认图”。真正的识字，需要到孩子6岁以后。这样，孩子才不仅仅是从形上去认识字，更能从意思等复杂的层面上去理解字。这是一个循序渐进的过程。

专家支招

对于3~6岁的孩子来说，如何对待他们的认字问题呢?

（1）家长要端正自己的教育态度

3~6岁阶段，不管孩子“认字”或“不认字”，家长都要端正态度——孩子认字只是一种宏观的形象而已，真正的识字，需要循序渐进地引导。

（2）玩玩“文字游戏”比“认字”更重要

很多家长和幼儿园老师都喜欢用字母发音图和语音表之类的并不适合儿童语言学习的方式和教具，其实最早的识字课就发生在日常的活动和游戏中，如谈话、唱歌、朗读、语言游戏等。

会玩语言游戏，预示着孩子早期识字的成功。因为这代表着人的某种特性——借助语言和符号进行思考。而进行有目的的“朗读”，也可学到不少词语，用于丰富孩子的口语词汇。有意识地引导孩子进行“点读”游戏，则是可以开展的最早促进孩子“识字”的办法。

主动修正自己语法中的错误——发现语法关系

孩子能够主动修正自己语法中的错误，是孩子在语言敏感期又上升到一个高度的表现。语言修正最早可能发生在3岁左右，3~6岁达到一个修正的高峰期。之后随着孩子语言水平的发展及经验的掌握，口头语言的自我修正会慢慢减少。

♡ 敏感期表现

萱萱快3岁时，说话已经比较清楚了，以前大人们会听到萱萱这样说话，“鞋穿”（把鞋子穿上），“别做，妈妈”（妈妈别这样做）……后来，萱萱上幼儿园了，语言表达越来越精准了，并且还会主动修正自己的语法错误，比如她说：“爸爸不回来！”当大人充满疑惑时，她会主动修正：“爸爸怎么还不回来？”再或者，她在外面玩，看到小朋友的脖子上挂着小猪佩奇的玩具，回家告诉妈妈：“妈妈，你给我买小猪佩奇好不好！”当妈妈疑惑，准备反问时，萱萱会纠正自己说的话：“妈妈，你给我买小猪佩奇的玩具好不好？”

育儿心经

尽管年幼的孩子说话不清楚，说不明白，甚至有些话说出来被大人们认为是“孩子嘴里的滑稽事儿”，但这恰恰是孩子语言发展的独特表现。

会主动修正自己说话中的语法错误，将词语组合成为有意义的表达，是一种运用语法的非凡能力。幼小的孩子用他们学会的语言技能让照料者或其他人为自己做事（如他说“椅子上”，表示让成人把他放到椅子上），当他会修正自己的语法时，他会说：“妈妈，把我放到椅子上！”这是孩子语言运用发展的结果，受语言学习和生理发展以及周围世界的影响。

总之，儿童语言教育应当在尊重个体发展的基础上，予以引导强化，以使他们的语言能力从低级向高级转化。

专家支招

基于上面的案例分析可知，幼儿语言学习是不断获得语言经验的过程。随着孩子语言水平的提高，我们要根据他们语言发展的特点和需求，确立促进他们语言发展的方向。在语言输出的加工过程中，孩子要把话语表达得正确、清楚、完整和连贯，也需要有认知、想象等能力的积极参与。要做到这一点，可以依据以下三方面来做：

（1）渗透的语言教育

充分利用学前儿童的各种生活和学习经验，在真实的生活情景中为学前儿童提供更加广泛的、多种多样的学习语言的机会，如带孩子认识周围的事物、传授知识技能、解释行为规则等。在引导幼儿观察、比较、抽象、概括形成概念时，幼儿理解了这些语言，也理解了语言表述的语法关系，这对他们的思维能力和语言能力提高有益。

（2）让孩子学会借鉴

提高孩子说话的技巧，应该让他不断借鉴别人，纠正自己。和孩子玩一些"语法游戏"，如"揪错"，故意颠倒语句，让孩子揪错，让他说出正确的表述。再或者玩玩说话和问答的游戏。如"听啥练啥"，听什么内容，就练相同或相近的内容，听什么句式，就练什么句式，练回话、传话、答语、赞语、歉言、婉言等，由此使孩子得到综合多样的训练，对语法的认知更准确，说话能力才会提高。

（3）安排有意义的语言活动

有顺序地为孩子安排各项语言活动，包括讲故事、唱儿歌、阅读、谈话、游戏等。这些语言练习活动好操作，想怎么操练都行。总之，家长要把握一切机会，引导孩子有效地练习，这样才能帮助孩子提高语言表述能力，为其以后的语言学习打下基础。

语言暴力——继续感知语言的“力量”

对低龄儿童语言暴力现象的研究，需要从幼儿敏感期及儿童心理学的相关方面着手。认知能力及移情能力同实施语言暴力行为也有关。家庭教养方式、环境，同伴、老师、父母的应对方式等都与儿童形成语言暴力有关。

敏感期表现

贝贝2岁多的时候就会骂人，虽然说话不清楚，但是骂人的话却很溜。三四岁时，她在小区里玩，和别人发生冲突，会恶狠狠地骂：“贱货！你真贱！贼娃子！”

芊芊五六岁时，会和爷爷辈的人逗乐。比如她在小区里遇到一位老爷爷，会模仿长辈的腔调，冲着老爷爷喊：“老东西！摘下你的鼻子！尝尝味道！”航航六七岁时，每当听到一些新颖、粗野的骂人的话，他就会在很多小朋友身上演练，但对大人可不敢。

♡ 育儿心经

从上面几个孩子的表现，我们可以看出“骂人”似乎也是掌握词语复杂意义的缓慢进程。从好的方面来讲，是孩子语言敏感期的特殊表现（即使骂人，也是一种学习，会提高他们的语言能力）。

但是从不好的方面来讲，骂人是一种不文明的行为，和孩子的认知、移情以及环境的影响等有关，会影响交际，需要引导。

2岁多的贝贝骂人	·不标准的骂人，说明她已经懂得语言的力量，但她的认知能力、移情能力都不佳，所以当她感觉焦虑和不安时，会将从别处学到的骂人的话迸发出来。 这除了与上面的个体发展能力有关，和家人的教养方式也有很大的关系。
五六岁的芊芊骂人	·语言能力已经有了很好的发展，但是她骂人有了戏谑的成分。 ·这出于好奇、好玩，与行为认知能力欠佳有关。
六七岁的航航骂人	·语言理解能力增强，接触的新事物、新语言比较多，所以他的骂人多存在“游戏”成分。 ·他只针对比自己小的孩子，在弱小的伙伴身上进行演练。说明这个阶段，孩子的认知能力又上升了一个台阶，语言认知能力也上升了一个台阶，骂人是为了“好玩”。

所以说，语言暴力存在于不同年龄的孩子身上，是他们感知语言、认知语言的能力表现，需要区别对待和引导。

♡ 专家支招

对待孩子骂人，可以这样做：

（1）杜绝孩子语言暴力，要有“心”

如果孩子已经是语言暴力的实施者，请家长做到“四心”。

平常心	很多含有嘲讽、恐吓、威胁的暴力语言多是父母强烈的功利心所为。很多家长对自己的子女期望过高，当子女满足不了他们的要求时，便会气急败坏地恶语伤人，所以家长应该抱着平常的心态看待自己孩子的成长，对孩子的要求不要超出他们的能力范围，这样家长就会少一点失望，多一些平和。
平等心	很多父母把自己凌驾于子女之上，这正是亲子之间不平等地位的体现。人有爱与归属的需要，孩子同样需要被关心、尊重、理解和宽容。因此，家长应放下“架子”，控制自己的消极情绪，对待孩子不要太严厉，也不要简单粗暴，要充分尊重孩子，多一些协商，让孩子在平等宽松的家庭环境中成长，有利于其健全人格的建立。
赏识心	父母用欣赏的眼光和态度看待自己孩子的行为，用赞赏的话语鼓励孩子一点一滴地进步。让孩子在父母的赏识中不断地成长，不断地获取父母的信任、尊重和关爱。这能使孩子不易产生或主动减少语言暴力。
反省心	父母应在教育子女的过程中时刻保持一种自我反省的态度，能认识到自身存在的一些不良品行，规范自己的语言，有效地控制自己的不良情绪，消除家庭语言暴力，净化孩子生活的语言环境，创造和谐的家庭氛围。

（2）将方法实施到生活中

3岁以后的儿童开始出现自我意识的萌芽。从学前儿童语言学习的内容上来看，人际交往可以帮助学前儿童在不同场合运用恰当的语言形式进行表述和交流，所以大人可以这样做：

大人要严格要求自己，恰当地运用礼貌语言与他人交往。

鼓励孩子学习运用语言向他人表述自己的需求，对他人提出的要求做出恰当的应答。

鼓励孩子学习运用恰当的词、句或语气、语调与同伴展开讨论或辩论，协商或解决与同伴之间发生的冲突或纠纷。

也可以鼓励孩子玩一些语言游戏，在游戏过程中能与同伴随意交谈，能结合游戏情节自言自语或进行恰当的人物对话。学习通过协商、讨论等语言方式，解决与同伴在游戏内容、材料的选择以及游戏规则的制定过程中出现的矛盾冲突。能用连贯性的语言评价游戏的规则执行情况与游戏开展情况，对游戏进行适当的小结。

（3）杜绝动画片的影响

动画片也是孩子语言暴力习得的一个重要来源。所以，孩子看动画片要限制内容，家长最好根据孩子的年龄和认知能力，选择一些积极向上的、健康的动画片。另外，家长需要陪同、引导孩子观看动画片。在观看过程中，对其中出现的语言暴力，家长要对孩子进行正确的引导，使孩子深化对动画片的理解。这样有益于孩子建立正确的人生观、价值观，也可以避免动画中的语言暴力元素对孩子产生不良影响。

给孩子创造正确、多元化的语言环境

语言的发展离不开良好的语言环境，很多人大概都听说过“印度狼孩”的故事。

1920年，在印度加尔各答东北的一个名叫米德纳波尔的小城，人们常见到有一种“神秘的生物”出没于附近的森林，往往是一到晚上，就有两个用四肢走路的“像人的怪物”尾随在三只大狼后面。后来人们打死了大狼，在狼窝里终于发现那两个“怪物”原来是两个裸体的女孩。其中大的年约七八岁，小的约两岁。这两个小女孩被送到米德纳波尔的孤儿院抚养，还给她们取了名字，大的叫卡玛拉，小的叫阿玛拉。到了第二年阿玛拉死了，而卡玛拉一直活到1929年。这就是曾经轰动一时的“狼孩”事件。

“印度狼孩”说明人类的知识与才能不是天生的，就像直立行走和言语也并非天生的本能，后天的环境影响相当重要。

3～6岁是人一生发展的重要阶段。在这个阶段，语言的发展也处在一个关键期，发音系统逐渐形成比较稳定的神经通路，以后要重新改变非常困难。如果儿童长期脱离人类社会环境，就不会产生与语言相联系的抽象思维和人的意识。在现实生活中，成人如果由于某种原因长期离开人类社会后又重新返回，就不会出现上述情况。这就从正、反两个方面证明了人类社会环境对婴幼儿身心发展所起的决定性作用。因此，在孩子3～6岁语言发展的关键期，要给孩子创造正确的、多元化的语言环境。

提供宽松的语言环境，从思想上给予支持

发展幼儿语言的关键是为幼儿创设一个能使他们想说、敢说、喜欢说、有机会说并能得到积极应答的环境。所以要从思想上给予孩子支持，可以这样做：

理解孩子，允许出错	· 孩子表达出错时，父母要给予理解并正确引导，保护幼儿运用语言的主动性和积极性，千万不要批评和嘲笑孩子。
认同孩子，耐心引导	· 父母要承认差异，允许差异，重视差异，避免将孩子和别的小朋友比，要提倡“自我竞争”，而不是“赶超别人”。

尊重孩子，鼓励孩子	· 对待一些语言反应较慢的孩子，父母要有耐心。孩子不知如何开口，父母应设法引导，给他充分的信心。
关注孩子，给予情感支持	· 当孩子在表达情绪时，家长要善于倾听，给孩子以最好的关注，提供他所需的支持，这样他会对自己的语言充满信心。

借助硬件设施，创设多元化的语言环境

父母可以为孩子购置一些有助于开发语言能力的设备，如电视机、电脑、投影仪等，让幼儿从听、说、读、写等方面提高语言能力。

为孩子提供书籍，指导阅读。书籍是语言发展最好的工具，无论是大人读孩子听，还是大人孩子一起读，或是孩子自己读……孩子都会通过书籍获得语言的良好发展。

创造机会。在日常生活中，家长要创造各种机会让幼儿听、说、读、写。例如，每天的晨间谈话，抓住一个主题让幼儿充分发表自己的看法。多创设幼儿自由讨论的情景，鼓励幼儿表达解决问题的想法，就随机性事件与幼儿进行谈话等。

语言游戏，如词语接龙、造句游戏等。培养孩子语言的游戏有很多，家长可以借助一些语言培养书籍上的游戏来和孩子一起玩。

父母要结合实际，以孩子为本，创设一个多元的、自由宽松的、丰富多彩的语言环境，让孩子在良好的语言环境下交往、操练、拓展语言经验，促进语言能力提升。

用游戏发展孩子的语言能力

游戏是幼儿语言培养中常见的活动方式之一。因为游戏符合幼儿的年龄特点，有助于提高幼儿的学习兴趣，集中幼儿的注意力，促进幼儿各种感官和大脑的积极活动。

下面我们一起来学学如何用游戏来发展3～6岁孩子的语言智能。

在生活中创造游戏

根据幼儿语言发展水平和学习语言的特点，灵活选择或创编游戏。3～4岁的儿童能用简短的语言表达自己的请求和愿望，能讲述自己感兴趣的事；4～5岁的儿童能用完整的句子较连贯地讲述自己的经历，会有表情地朗诵和复述，能清楚地用准确的语音说话；

5~6岁的儿童则可以用准确的语音和适当的音量说话，在适当的场合主动与人交谈，主动表达自己的意思，连贯讲述一件事，有表情地朗诵或表演等。

所以针对3~6岁孩子的语言发展特点，家长可以根据孩子的实际情况来设计游戏。例如：

从人员方面来讲，孩子平时与其他小朋友接触中，就有大量的语言游戏，家长也可以引导孩子们玩说儿歌、念绕口令、你说我答等游戏。人物也可以从小伙伴、父母及家里的成员开始，扩展到外面的邻居、社区成员等。

可玩的语言游戏有语言、歌曲、韵诗，扩展到一定范围的方言、争论等。也可以运用电脑、广播和电视机等，增加孩子的听、说等涉及语言的活动。

无论在什么地方，如家里、商店、公共汽车上、诊所、托儿所、操场、公园等，都可以和孩子进行语言游戏。

有时各种游戏还可以互相配合，交叉使用，综合运用，共同促进儿童语言的发展。

语言游戏举例

例如，家长洗衣服时，和孩子谈谈哪些衣服有相同的颜色，每件衣服有什么特点，是什么季节穿的衣服，是谁的衣服，等等。这就是最简单、有趣的语言游戏。高级一些的，可以引导孩子把衣服的颜色、特点、大小等编成有韵律的歌曲唱出来。如果孩子感到自己根据所做的事编出说、唱的内容有难度，就唱童谣、民歌、流行歌曲或广告歌曲。

表演法：孩子都喜欢表现自己，家长可以指导孩子扮演文学作品中的人物，根据作品情节的发展，通过对话、动作、表情再现文学作品，以提高口语表达能力。当然对于年龄较小的孩子来说，可以让他们扮演一些简单的游戏人物，比如《小红帽智斗大灰狼》的故事，让孩子扮演小红帽，找几个大人分别扮演大灰狼、外婆、猎人等，让孩子在表演中感受语言。

听说游戏活动：先从简单的做起，如大人模仿各种动物叫，让孩子说出是哪种动物，然后引导孩子说说每种动物的特点。等孩子的理解能力增强后，可以借助文学作品，来给孩子讲述作品的语言、情节、动作、人物对话等，让孩子感受作品的思想感情脉络和特殊的表现手法。

在运动中渗透语言教育：在体育活动中，儿童的活动量往往比较大，兴致高，根据这一特点，在爬、跳、跑等活动中，大人可以先让孩子观看示范，听大人讲述动作要领及注意事项，然后请孩子模仿大人的动作，再请他讲一讲是怎样做好动作的。这样，既注意了活动的动静交替，又使孩子通过自身的体验，讲出了活动的特色，发展了他的语言能力。

在社会活动中渗透语言教育：在社会活动中，幼儿要学会与人交往，要懂得交往的规则和技巧，这本身就要求幼儿对语言的理解和掌握。大人可以做好模范引导工作，可以在生活中指导孩子学习礼貌用语，掌握社会交往规则，同时培养幼儿对书面语言的兴趣，发展幼儿对书面语言的敏感性。

总之，幼儿语言的发展与其情感、思维、社会交往技能等方面的发展是不可分割地联系在一起的，语言教育应当渗透在所有的活动中。

第2章

执拗是孩子努力维持心理秩序的表现

3~6岁的孩子，常常是“我说了算”“按我说的做”“按我想的重来一次”……稍不合心意，他们就会大哭大闹，父母不理解孩子为什么这么任性。其实，这些异常反应都是孩子努力维持心理秩序的表现。此时，父母能做的就是倾听，平心静气等待孩子发完脾气后，告诉他可以用智慧而不是任性去解决问题。父母切忌谴责孩子，要知道耐心是最重要的。

执拗的孩子长大更容易变通

执拗的孩子让人头痛，因为有时候莫名其妙地就不知道“哪根筋”不对了，大哭大闹一场。但是别急着“教训”孩子，也别冷处理……只要父母懂点“敏感期”知识，知道孩子成长中的心智发展规律，就不难理解孩子的言行。

从出生到4岁是宝宝秩序感形成的敏感期，尤其是3岁左右的孩子，因秩序发生变化而变得执拗是一个顶峰时期。一般来讲，处于敏感期的孩子在建构内在秩序的同时，对外在的秩序会有以下要求：场所、位置、空间、时间、顺序、所有物、约定、习惯等。当这些事物的秩序发生改变时，孩子就会焦虑，会发脾气，会要求重来……这是他们努力保护一个精确且有秩序的环境的表现。

因为秩序是生命的一种需要，也是影响一个人终生的一种习惯和品质。所以，当宝宝为了某件事情“执拗”不可理喻时，大人不要妄下断言觉得宝宝在无理取闹，而要理解宝宝的心理需求，不要埋怨宝宝固执。

一个爸爸每天都是晚上7点钟在小区门口的车站下车，然后看到前来接他的妻子和3岁多的女儿。有一天，这位爸爸因为外出办业务，提前了半个小时到车站。他没有看到妻女，就自己回家。可是一进门，正和妻子玩得开心的女儿便开始放声大哭！夫妻俩百般安抚都无济于事。后来从女儿的哭闹声中明白，女儿是由于爸爸提前回家，以至于自己不能像往常一样在晚上7点钟去车站接他而不满。没办法，看着时间还不到7点，爸爸只好又拎着包出门到了车站。随后，妈妈按以往的习惯给女儿穿好衣服，抱着她到车站接到了爸爸。女儿这才破涕为笑。

像案例中的孩子这种执拗表现可能比较常见，也可能比较特别，其实每个宝宝执拗的表现都不尽相同，例如，每次出门都让宝宝开门，偶尔有一次没让他开，他就不干了；让宝宝按电梯，稍不注意别人抢在他的前面按了，他就会哭闹；等等。孩子对于秩序的完美，有着近乎偏执的追求，例如，东西就应该放在哪里，哪件事就应该先发生，谁应该做这件事，等等。从上面的例子分析出，儿童处在秩序敏感期，其内在的主要原因是儿童的心理活动一定是有秩序的，当他没有超越这种秩序时，就会严格地执行它，如果破坏了他心中的秩序，他就会为了维护心里的秩序而执拗。

宝宝良好的秩序感在他幼儿期养成后，便会体现在孩子上小学、中学、大学的阶段。在求学阶段，孩子的书包和学习用品会收拾得整齐，孩子不会找不到东西或忘掉老师布置的作业，在学习中很自然地有条理地安排和使用时间。直到参加了工作，他们会知道工作中哪些是最主要的，哪些是次要的，哪些是比较重要的，哪些是次重要的。他们会抓住学习和工作的重点，这种能力会成为终身的品质。所以，幼儿期是培养孩子日后形成独立人格非常重要的关键时期。

对处于执拗期的孩子，家长要多一些耐心。了解了执拗敏感期孩子的特点，知道了孩子的需求，当他们提出什么要求的时候，家长要习惯站在他们的立场去理解他们，并尽量满足那些合理的或者是非原则性的需求。对于那些原则性的要求，如果我们不能满足，也要理解孩子，做好慰抚工作，通过拥抱、讲道理、转移注意力、寻找替代目标等方式平息孩子的痛苦。总之，解决儿童的执拗问题，一是要理解（知道这是孩子内心的需求），二是要变通（学会转移、引导、讲道理等），三是给结果（针对每一次的执拗都能给孩子一个完美的结局，即使没有按孩子最初的心意解决问题，也要给他找到最好的解决办法）。切勿因为孩子的坚持，大人就以强迫的方式让孩子遵从。如此剥夺孩子选择的权利，反而可能导致孩子脾气倔强与性格固执。

当孩子对事、对人、对物有所坚持时，家长可以多观察后，再判断如何引导孩子处理坚持与变通之间的平衡。尊重孩子心中的“秩序”，让孩子多点机会培养独立思考的能力，并鼓励孩子表达出自己的意愿与见解，对孩子适应未来社会是很有帮助的。

不让他动他偏动——好奇心驱使

处于执拗敏感期的孩子，还有一个特点就是，好奇心的驱使导致他们会做出很多执拗、任性、可笑、让大人恼火的事情，但他们却乐此不疲。这是很多孩子身上都有的表现。来看下面一个例子。

敏感期表现

阳阳4岁多，最近却超级喜欢“掂电饭锅”，动不动就把电饭锅的锅胆从锅里掂起来，并且还通着电。妈妈发现他的这一问题之后，怕有危险，告诉他：“以后不许再动电饭锅。”可是阳阳却“记不住”，时不时地跑过去把电饭锅掂一下。本来好好地煮着饭，电饭锅被掂起来后，煮饭变成了保温，等大家要吃饭的时候，饭却没熟。还有一次，一家人都坐在沙发上看电视，阳阳却跑到餐厅，把玩起电饭锅来，一会儿掂锅，一会儿按钮。妈妈看得不胜其烦，强行把他抱回到沙发上。阳阳又哭又闹。妈妈没办法了。还是爸爸有耐心，引导着阳阳一起“玩”电饭锅，从插电开始，让阳阳观察电饭锅的指示灯亮或灭的变化，然后和阳阳一起掂掂锅，看看指示灯的变化……最后，阳阳玩够了，也就不玩电饭锅了。

♡ 育儿心经

可以说，类似阳阳的这种行为，在很多处于执拗敏感期的孩子当中，并不少见。因为好奇心的驱使，也是孩子出现“执拗”的重要原因之一。

宝宝对外部世界充满好奇心，家长要给予重视和支持，因为这也是培养他们成才和探索的重要一课。

尤其是孩子因为探索、好奇心而产生的一些执拗表现，反映了孩子内心对多种感官的认识和体验，说明思维的发展出现了最初的概括和推理、想象的发生，把对周围世界的认识进行了延伸、扩展。“不听话”、执拗说明孩子最初的独立性、探索等多种内因正在逐步发展起来。这是宝宝提高感知觉能力和认知事物必须经历的一个阶段。家长顺从宝宝，就是对宝宝成长的支持。

其实了解了秩序敏感期孩子的特点，就知道了孩子的内心需求，应对起来就容易多了。但是不同的父母有不同的教养态度，不同的教养态度与不同个性的孩子相遇，也会产生不同的交互作用。

父母面对孩子的执拗，无论是予取予求，抑或是以权威压抑孩子，都不是最好的教养方法，都可能导致孩子形成倔强固执的性格。所以，家长在孩子“秩序”敏感期来临的时候，一定要好好抓住，这将对孩子的成长大有好处。

专家支招

具体要怎么做？可以这样：

例如，阳阳喜欢玩电饭锅，大人可以引导他一起来为家人做米饭，让他自己来操作，大人只是在旁边告诉他要注意安全，如何操作，然后可以让他计时，看看米饭多长时间熟，看看米饭熟后，指示灯会有什么变化。也可以和孩子一起掂掂锅，看看指示灯的变化，告诉孩子在此期间二者存在着怎样的联系。做什么事先征求孩子的意见，孩子的脾气就会变得和顺许多。

家长在保护孩子安全的前提下，要注意保护孩子的探究精神。对于好奇心产生的执拗，要注意顺其自然地进行引导，既不能一味地迁就孩子，导致他形成任性的性格，又不能嘲笑、威胁、控制孩子。允许孩子去尝试，去试错，这样有利于他吸取教训，在经验中学习。千万不要为了安全就一味地控制孩子的探索行为，使其心理在敏感期得不到很好的发展。

而孩子因好奇心引发的执拗，家长一定要支持和引导。要学会正确地引导，将“错误”化作“惊喜”，做和颜悦色的家长。

给他讲道理他不听——专注点在他在乎的事上

人人都说，教育孩子需要讲道理，可是有时候，小家伙未必会给你“面子”——给他讲道理他不听，执拗起来，让你很无奈。

敏感期表现

一个下雨天，妈妈抱着小小去糖果家玩。从二楼下楼梯到一楼去，小小闹着要自己下楼梯。因为楼梯上有雨水，妈妈怕小小摔倒，就一直抱着她到楼梯剩下两个台阶的时候，才把她放到地上。小小不干了，哭着闹着，一定要回到二楼重新下楼梯。妈妈蹲下来和小小好说歹说讲道理，可小小就是不听。母女两个为这件事情在单元门口僵持了半天。最后，没办法，妈妈只好又将小小抱回二楼重新下楼梯。小小从二楼一个台阶一个台阶地往下走……

育儿心经

当孩子对事、对人、对物有所坚持时，有可能是孩子处于“秩序敏感期”的表现。此时的孩子思维先于行动，并且以为思维就是行为，所以他们比任何时候都显得“任性”。这是正常的心理现象。像小小，她之所以要坚持从“楼梯上自己走下来”，可能就是想数数楼梯、感受一下楼梯的秩序，或者是想感受一下从“高空”到“低空”的空间转换，等等。

所以，对于处于“秩序敏感期”孩子的任性表现，虽然父母想“苦口婆心”地劝说一番，但是孩子往往为了维护心中的“秩序”，非常执拗。表达能力强的孩子，还可能冲家长发脾气抗争。这的确令父母头痛。

专家支招

像小小这样的问题，家长可以首先尊重孩子的意愿。孩子要自己下楼梯，就让他自己下，如果真的很危险，大人可以用风险最小的方式帮助孩子一下，并且告诉孩子，大人这样做是为了她的安全。如果真的必须要保证孩子的安全，大人也可以强行按照自己的意愿去帮助孩子。但是事后，要认真安抚孩子，和孩子好好解释。可以举例告诉孩子这样做很危险，例如，“以前有小朋友自己下楼梯，滑倒了，手都摔伤了！等地上的水干了，妈妈再让你自己下楼梯好不好？”

在孩子大闹时，父母可以“冷处理”，对他不予理睬。这样孩子看到父母不理自己，知道再闹下去也没用，过一会儿也就消停了。等孩子平静下来，父母可以好言相劝，使孩子感到并不是父母不爱自己才不答应。

同理，在别的事情上，遇到这种问题，大人也可以将孩子兴趣中的一件事情转移到另一件事情上。父母可用更有趣的玩具或事情去吸引孩子，或者跟他说说家里的某个玩具，或给孩子讲个故事或笑话来转移他的兴奋点。这样会缓和孩子的情绪。

孩子有时提出不合理要求是有一定心理原因的。父母要根据儿童心理的变化，与孩子一起分析认定这个要求是不合理的，父母是不能答应的。

对待孩子的不合理要求，父母不可迁就，不然可能导致孩子养成予取予求的作风。更不可打骂孩子，这样很容易造成孩子形成胆小、孤僻、刚愎自用的性格。

所以，洞察内因，尊重孩子，转移引导，合理解释，和气耐心，才是解决此类问题的原则。

让他读2他偏读3——也许在表达他理解的秩序

对于秩序的执拗，有时孩子的表现让大人很不解，但是不要轻易遏制孩子的想象力和创造力。

♡ 敏感期表现

晚上糖果和妈妈躺在床上，妈妈在给糖果讲数字故事。当讲到看图读数时，妈妈引导糖果一个数字一个数字地读，可是读了几遍之后，妈妈让糖果自己读，她总是把2读成3。妈妈很郁闷，一遍一遍地引导糖果读1，2，3，4…，可是糖果偏要读成1，3，4…，气得妈妈毫无办法。这时爸爸来了，引导糖果读1，2，3，4…，可是糖果还是1，3，4…，爸爸问糖果为什么这样读，糖果说：“为什么不是1，3，4…呢？”

育儿心经

对于秩序敏感期的孩子，家长应该避免用成人的观点强求孩子，应该让孩子的心灵自由翱翔。

记得以前看过一个小故事。一个外国妈妈和孩子打开饼干盒时，3岁多的小姑娘指着饼干盒上的“OPEN”对妈妈说，她认识第一个字母“O”。妈妈问她是怎么认识的，她说是幼儿园教的。于是这位妈妈把幼儿园告上法庭，理由是以前这个小姑娘能把“O”看成很多东西，如鸡蛋、球、太阳，等等，可是幼儿园教她认识了字母之后，孩子就失去了这种想象力。

这看似一个小笑话，但是也体现了故事中妈妈对孩子想象力的尊重和保护。

所以，要尊重秩序敏感期孩子的执拗，保护孩子的想象力和创造力，在他认知的萌芽阶段，家长要做支持者和引路人。

专家支招

如果想纠正孩子的“错误秩序”，记得用孩子感兴趣的东西去引导，如讲故事、唱儿歌、玩游戏等方式，潜移默化引导他获取“经验”，从而自己修正内心的秩序。

所以对待秩序敏感期的孩子，有时候“知识”和“正确”并不重要，维护他们心中的秩序才重要。

故意摔坏自己的玩具，孩子心理已受到伤害

3~6岁的孩子开始用自己的眼睛观察这个世界，也在用心感受这个世界，所以世上的一切事物对他们来说都是有影响的，只要他们的内心关注在哪里，哪里就会成为他们内心的“七寸”。

♡ 敏感期表现

由于爸爸、妈妈忙，4岁的佳佳由姥姥、姥爷照看。以前一日三餐，佳佳和爸爸、妈妈围坐在餐桌前，有说有笑。可是现在佳佳只能在家和姥姥、姥爷一起吃饭。

佳佳忽然变了，经常闹脾气，尤其是在吃饭的时候。有一回佳佳和姥姥说：“我要妈妈！”姥姥说：“好，拿你的手机给妈妈打电话。”姥姥把佳佳的儿童手机递给她，结果被佳佳一把抓过来扔在地上，摔坏了！姥姥拿自己的手机给女儿打电话，可是佳佳又跑过去抢姥姥的手机往地上摔，还好被姥姥挡住了。后来妈妈来了，陪佳佳吃饭，问佳佳为什么要摔手机，佳佳说，她想妈妈了。

♡ 育儿心经

以前一日三餐和爸爸、妈妈在一起的快乐时光没有了，这在佳佳看来，生活秩序改变了，让她感到不安。她之所以会摔手机，原因就是她在用这种方式表达内心的不安、委屈、愤怒。

现在绝大多数家庭的孩子都享受着良好的物质生活条件。对于成长期的幼儿来说，良好的生活环境在他们的心中已经成为固定的秩序，一旦这种秩序被破坏，他们就极可能会表现出不安、焦虑、发脾气、哭闹等行为。这种情况是孩子在秩序敏感期的一种比较严重的表现，特别需要大人的关注和引导，必须要积极加以纠正，以确保孩子健康成长。

♡ 专家支招

（1）倾听孩子的心声

当孩子遇到不开心的事情时，父母首先要做的就是耐心地倾听，让孩子把心中的委屈和不满表达出来。在倾听的时候，父母要尽可能用各种方法安慰孩子，如用手去抚慰，用胳膊去保护，或是把孩子搂抱在怀里使他恢复平静。这样，孩子就会在心理上得到慰藉，在情感上得到满足，郁闷的情绪得以发泄和排解。

（2）分散孩子的注意力

很多时候，孩子的负面情绪往往是由特定的条件引起的，例如，像案例中的佳佳想要爸爸、妈妈陪的愿望得不到满足，所以情绪不佳。大人可以在了解孩子的愿望之后，尽量予以满足，或者再换种方式适当地引导孩子转移注意力。例如，给孩子玩具或其他物品作为补偿，还可以和孩子一起做一些有趣的小游戏，让孩子在轻松的气氛中忘掉不快。

（3）帮助孩子走出困境

当孩子遇到负面情绪的困扰时，会有许多不正确的外在表现，父母要用宽容的态度去安慰和帮助孩子。父母要让孩子正确地对待痛苦，帮助孩子走出困境。类似于案例中的情况，大人需要让孩子明白，当前生活的改变，是因为父母的努力拼搏获得的，父母的努力是为了更好的生活，不管怎么忙，孩子都是爸爸妈妈最重要的“宝贝”。这样可以帮助孩子尽快走出心理困境。

父母尤其要注意，小孩子最担心的就是爸爸、妈妈不喜欢他了，所以即使宝宝犯了错误，家长也要避免呵斥宝宝，更不应该说类似这样的话，“不听话就不要你了”，“再这样就不喜欢你了”，不要让孩子感到恐慌和无措。家中有个执拗敏感的宝宝，是很让家长头疼的，但这也不是坏事，做父母的要有足够的包容心，允许孩子在一定范围内任性。

追求完美——秩序感爆发

追求完美有时候也是秩序敏感期孩子的一个特殊表现。例如，处于秩序敏感期的孩子对事物要求尽善尽美，愿意付出很大的精力把事情做到天衣无缝，有时候甚至到了“吹毛求疵”的程度。

敏感期表现

“怎么了？怎么了？”这是七七面对他钟爱的图画本有点瑕疵发出的感慨。见大人都不理他，他又加重了语气，大声嚷嚷：“怎么了？怎么了！”

这时七七爸赶紧跑过来问：“怎么了，儿子？”

“爸爸，你看这本子怎么了？”七七指着图画本上的一个小黑点。

“啊呀，你还是个完美主义者呢？这是纸张上的正常现象，因为纸张是用木料制作成的，有可能在制作过程中，木料上的纤维或者渣滓沉积下来，所以本子上就可能有瑕疵。没事儿。”

可七七却坚持认为这张纸应该和前面的一样，光滑白净，不应该有瑕疵……一听七七这样“较真儿”，七七妈心里就紧张：最近这孩子经常这样对他喜欢的东西挑刺，全家人不管和他怎么解释都没用，弄得大家都紧张兮兮的。

♡ 育儿心经

孩子在秩序敏感期对事物进行“完美”挑刺，这是他们遵守自己内心秩序的表现。追求完美，是好事，但是如果对周围的一切事物都追求尽善尽美，就脱离了现实，容易引发心理问题。所以对于处于秩序敏感期的孩子来说，当他们过度追求完美时，大人要进行引导，以帮助他们平稳度过“追求完美”的秩序敏感期。

♡ 专家支招

面对处于秩序敏感期的孩子“追求完美”，家长这样做比较好：

（1）肯定他的感受，理解他的行为

比如对于案例中的七七，家长可以坐下来耐心地告诉孩子：“纸张变成这样，你一定很伤心，妈妈摸一下。嗯，确实有一个小点。妈妈看看能不能把它解决掉……”因为顺应了孩子的感受，小家伙多半会安静下来。然后趁机提问引导，比如：“现在这纸张都这样了，怎么办才好呢？我们想个办法吧。”大人首先提出问题，让孩子来接话题。“那妈妈帮我擦一下吧。”孩子有可能会这样说。“行，我们擦擦看。”如果擦解决不了问题，可以借机跟他讲讲“纸张是怎样做出来的”，借用网络给孩子上一堂科普课。

（2）告诉他生活中的不完美性

家长还可以这样对孩子说：“宝贝，这张纸虽然有一个小黑点，但是并不影响使用。如果你把这个小黑点加入到你的图画中，还能制造出惊喜。比如，画一只小鸭子，这个小黑点当小鸭子的眼睛，你说棒不棒？！”

也可以告诉孩子，每个人或多或少都会有“追求完美”的时候，这是正常的。但是过分追求完美，就会带来一些麻烦，比如对孩子说：“你想让你的纸张完美得达到你心目中的标准，工人叔叔就得砍很多的树，加很多化学原料；爸爸妈妈就得出更多的钱来买一本练习画画的本子。所以，过分地追求完美，是一种浪费，而对不完美的事物加以改进，达到‘理想’，才是聪明的做法。”

要求遵守规则——孩子的规则意识展现

规则是秩序的一种展现。在孩子3~6岁这个阶段，他们的秩序感越来越强，所以也会对规则产生强烈的要求。尤其是有的孩子会执拗于某个规则，这是好事，这代表着孩子规则意识的展现，家人要做好引导。

♡ 敏感期表现

小区里一群孩子在玩耍，萌萌和小朋友们玩“抓包”的游戏。开始小朋友们都是按秩序排队玩“抓包”的，但是后来一个大点的孩子违反规则，先跑到前面去“抓包”。别的孩子没当回事，可是4岁半的萌萌却不干了，哭闹着指着没有按“规则”玩游戏的孩子，不允许她这样。大人们觉得很尴尬，只好带着各自的孩子回家了。

回家后，妈妈问萌萌为什么不能变通一下，萌萌大声说：“姐姐不遵守秩序！”

育儿心经

规则是社会集体为了维护正常秩序，要求每个人必须遵守的规章制度。自觉遵守纪律和秩序，也是孩子应养成的好习惯，对他将来的成长有着重要影响。所以，当孩子展现出良好的秩序感、执拗于某个规则时，大人要给予肯定和引导，既要肯定孩子遵守规则的意识，也要引导孩子学会变通，以使他平稳和谐地度过规则敏感期。

专家支招

在进行规则教育时，要让孩子懂得遵守规则的重要性，并且要向孩子提出切实具体、能够做到的要求。而在引导孩子处理规则问题时，要让他学会变通，和谐有序地与人相处。家长可以这样做：

（1）为孩子的规则意识鼓掌

当孩子出现规则要求时，可以为孩子点赞，不管周围的人是否认同，家长都要对孩子的这种行为表示赞同。必要的时候家长还可以“帮腔”。比如像案例中的情况，萌萌妈完全可以支持孩子，告诉萌萌和违规的小孩：“玩游戏要排队，不排队，大家都抢着玩，就没法再玩下去。”即便这样做会影响到邻里关系，也要站在孩子一边。

（2）对孩子进行规则教育，家长要做好榜样

对孩子进行规则教育，要结合孩子日常的各种活动进行，如乘坐公共汽车要排队上车，不能把脚踩在座椅上；在公园里玩的时候，不要损坏花草树木；上街不乱丢果皮纸屑，不乱跑；在电影院、医院等公共场所，不吵闹；等等。要告诉孩子必须这么做的道理，从而引导孩子把“理”化为“行”。

进行规则教育的关键还在于父母的榜样作用，不能单靠说教，而要以身作则。

（3）“规则”面前要学会变通

必须遵守的规则，需要孩子努力遵守，大人做好引导。但是对于一些孩子自己所谓的“规则”，有可能并不合理，如玩“抓包”的游戏，大家要排队玩，可是孩子可能要求“围着圈”玩，并且要按自己定的“规则”玩。这个时候，大人就需要引导变通，因为孩子生活经验少，思维能力差，多数时候往往以自己为中心来思考、感觉、行动，不能充分理解别人。所以，如果孩子不懂得真正的规则，家长要注意引导孩子理解集体的意义，使其自觉成为集体的一员，服从集体。家长要引导孩子关心集体，多为集体做好事，团结集体中的其他成员，共同把集体活动搞好。

有些孩子处处为自己考虑，从不“吃亏”，这样就很难和别人友好相处，甚至会使自己被孤立。家长要通过正、反两面的分析，使孩子认识到自私自利的害处，使其主动服从集体的利益。

解决孩子的执拗问题——理解、耐心、变通

处于秩序敏感期的孩子，执拗是难免的，这说明孩子的心智有了新一轮的成长。但是幼儿的心智成长，是在与父母、他人不断接触过程中逐渐形成和发展的。所以大人对于孩子敏感期的态度，会对孩子的成长产生重要影响。

很多父母觉得陪伴孩子度过秩序敏感期是一种煎熬，但是如果家长懂得一些敏感期的知识，并且抱着一种感恩生命的心态去探索了解孩子的敏感期，就不会把孩子的执拗看作是对自己的一种煎熬，反而能从孩子的敏感期中收获更多的快乐，也会更有利于培养亲子关系，更有益于孩子成长。

作为一个合格的父母，首先要做到的就是理解孩子

孩子的成长敏感期是固定的，每个孩子都会遭遇秩序敏感期，每个父母都可能遇到执拗的孩子。而这并不是什么坏事，秩序敏感期会让孩子形成独特的心理、思维惯性等，对孩子的一生影响深远。所以当孩子的秩序敏感期来临时，家长要高兴才对，要知道这是孩子成长的必然，虽然有点麻烦，但是加以引导，能帮助孩子更好地成长。

孩子需要稳定的秩序来保持自己的安全感，如果大人不懂得理解孩子的秩序敏感期，一次次地破坏他们的安全感，孩子的执拗就会表现得更加强烈。如果大人一直处理和引导不好，必然会影响孩子的一生。所以理解并尊重孩子的秩序敏感期，给孩子良好的关注，有助于孩子良好行为、个性及健康心理的形成和发展。

对孩子要有耐心

当处于秩序敏感期的孩子有执拗的表现时，大人需要控制自己的脾气，耐心地对待孩子。可以陪着孩子一起玩，虽然一遍一遍地“从头再来”会让大人头痛，但这是孩子感知世界的重要方法，所以大人不妨陪着孩子“从头再来”，也可能玩过几次“从头再来”，孩子就没兴趣了。因此，大人不要急于反对，或是强烈拒绝孩子的执拗表现，耐心对待最重要。

对待孩子的执拗要学会变通和引导

比如当孩子要求“从头再来”时，父母可以尝试和孩子一起玩“从头再来”的游戏，并且全情投入其中，也可以设计一些小花样，增加“从头再来”的趣味性，这比单纯应付以致气恼疲惫有效多了。父母的态度和引导对于孩子度过执拗敏感期，培养良好的心态有着深远的影响。

蒙台梭利说过这样一句话：“孩子的心灵就像一个神秘的深渊，照顾他们的父母并不了解它。当父母并不了解孩子心灵的时候，就应该怀着一颗敬畏的心，给予孩子们爱，给予孩子们自由。”这句话是蒙台梭利给予家长们的忠告。

第3章 社会敏感期为孩子拉开人际关系的大幕

6岁前是孩子智力发展的最佳时期，也是良好性格与品质养成的关键时期。教育界有“社会敏感期”一说，也有“社交智能”一说。3~6岁是孩子的社会敏感期发展阶段，抓住这段时期开展教育，可以达到事半功倍的效果。如果错过了这一时期，长期让孩子处于小范围环境中，加上家人的迁就、纵容，孩子不爱与他人交往，就会导致性格上的缺陷。所以，父母要为孩子做好社交榜样，让孩子在耳濡目染中，学做一个社交小达人。

人小也渴望交往

很多父母认为3～6岁的孩子还小，有无伙伴无所谓，更可能因为自己的工作、环境等因素，常把孩子留在家里，或是保护过度，导致孩子不能和小伙伴们一起玩。其实孩子虽然人小，但是也渴望交往。

秋秋3岁零7个月了，若雨快5岁了，因为同住在一个单元，也是上下楼的邻居，所以她俩经常在小区里见面，但是并没有成为特别好的朋友。但有一段时间，秋秋特别想去若雨家玩，每次走到若雨家门口，秋秋都闹着要进去。妈妈告诉秋秋："不要随便去别人家玩！"可是秋秋却嚷嚷道："我要去若雨家吃好吃的！我要去若雨家玩玩具！我要……"妈妈每回把秋秋抱回家都会跟爸爸嘀咕："这是什么孩子，劝她不要去人家家里玩，她总是不听。"

妈妈为什么对秋秋说“不要随便去别人家玩”？可以说是大人的“私心作祟”——不好意思去别人家里，或者不想让邻居对自己知根知底，总之是因为自己的理由。此外，很多大人不把孩子的内心需求当回事，随意“推翻”孩子的社交渴求。这是不尊重孩子成长的表现。

所以，大人一定要重新审视自己的教育态度，合理对待孩子的“社交渴望”，尤其是对于处于社交敏感期的孩子，做好这方面的引导，对孩子的成长和社交有着深远的影响。即使孩子的社交需求在大人看来不合常理，但这都是他们内心需求的真实流露，不能无视。

现在的孩子，多是在家庭中备受呵护，处于一个没有伙伴与他玩耍的环境当中。并且很多父母忙于工作，大部分时间孩子都交由家里的老人照看。老人对孩子宠着捧着，怕摔着磕着，怕孩子吃亏，不愿意孩子和别的小朋友一起玩，导致孩子与人交往的能力越来越弱，同时，想和其他小朋友一起玩的愿望也越来越强。所以家长一定要关注孩子内心对交往的渴求，给予合理的支持和引导，以帮助孩子顺利度过社交敏感期。

父母要转变对孩子社交的观念

对于和小朋友们交往很少的孩子来说，在他和别的孩子交朋友的过程中，父母的帮助是至关重要的。

不少父母认为，孩子见到同龄的孩子，自然会找到自己的朋友，有时候还会追着比自己大的孩子玩。其实这是父母们常犯的一个错误。心理学家托马斯·伯恩特指出：“一个孩子只有经常和朋友们在一起，才能增进友谊。因此，父母要为孩子的交友牵线搭桥。”父母要带孩子走出家门，到小区、公园、游乐场等孩子多的地方，主动引领孩子接触新朋友。这么做不仅可以让孩子开拓视野，适应新环境，而且不同的场合也会给孩子带来更多的生活体验。

父母要鼓励帮助孩子和同龄人交朋友

父母可以教孩子一些适合儿童玩的游戏，并且指导孩子一些玩的窍门。让孩子在游戏中成为焦点，不仅能吸引周围更多的小朋友参加，还能培养孩子的自信心。父母还可以让孩子带上玩具或书籍同其他小朋友交换，让孩子体验到分享的快乐，增进孩子同小朋友之间的感情，拉近彼此的距离，建立良好的交往秩序。

父母要为孩子交朋友把关。这并不是说只为孩子找好的小孩。孩子是无所谓“好坏”之分的，父母主要是让孩子强化朋友意识，进而帮他选择能够合得来并且与他优势互补的同龄人做朋友。如果孩子已经有了朋友，父母可以对孩子说：“你有了自己的朋友，你们应该互相关心，互相帮助。”同时，父母要了解孩子的社交进度，适时与孩子讨论他与朋友的交往情况。

父母在社交方面要以身作则

在孩子面前，父母要注意自己的社交表现，以便给孩子起到良好的示范作用。比如见到邻居要主动热情地打招呼，寻求帮助要问询“可不可以？”，受到帮助要友好地说“谢谢！”，不小心冒犯了对方要说“对不起！”，等等。这能让孩子在潜移默化中掌握一些基本的社交技能。

幼儿园——孩子社交的第一个训练营

上幼儿园对小朋友来说，是一个不小的“挑战”，因为这是他们人生中社交的第一个“训练营”，家长要支持、引导。

幼儿园马上要开学了，巧巧也已经过了3岁，妈妈准备给她报名入园。可是巧巧去幼儿园能不能适应，妈妈不敢确定。她逢人便问：“你家宝宝在幼儿园怎么样啊？孩子有需要，会不会跟老师说呀？老师对小朋友的照顾好不好呀？……”可以说，她对孩子入园充满了焦虑。

像案例中巧巧的妈妈，是很多家长的典型代表。但是幼儿园既然是孩子社交的第一个“训练营”，那么家长就必须要坦然面对。不要太心疼孩子，不经历风雨，怎能见彩虹？让孩子在幼儿园得到有效的锻炼，对于他的社交能力培养是一件好事。

家长在孩子入园时，需要注意的事情如下：

选择一个让自己放心的幼儿园

注重幼儿园的整体环境。干净整洁的活动场所可以保证孩子的身体健康，良好的师资和护理人员，能够保证孩子得到良好的照顾和培养。注重幼儿园的口碑。口碑好的幼儿园，势必有它的优势。关注孩子对托幼中心的感觉是否快乐。家长可以询问孩子，一天都学了什么新东西，认识了哪些新朋友，发生了什么有趣的事情，等等。从孩子的表情和答话中判断幼儿园是不是充满快乐的地方。

重视孩子日常生活中礼貌意识的培养

父母要做好榜样，与人交往注意礼貌，同样还要注意指导孩子多说礼貌用语。

训练孩子懂得分享和分担

对于家长来说，需要在家庭内部营造“有福同享，有难同当”的氛围，让孩子学会分享和分担家中的大事小事，强化孩子家庭成员的意识。这样做的主要目的，就是让孩子在任何一个团队中，都能意识到自己不是孤立存在的，而是和其他人有着紧密的联系，有利于其在幼儿园能更好地与人相处。

尽可能多地为孩子创造与他人相处的机会

多带孩子出去玩耍，引导孩子参加一些亲子班、课外班等，让孩子在与其他小朋友相处的过程中，通过“摩擦”锻炼社交能力。要学会放手让孩子去尝试新鲜事物，孩子尝试过后才会知道什么是危险的，什么是安全的，才会知道以后该如何正确保护自己。还要引导孩子掌握一些安全常识，或者给孩子演示一些危险自救的方法。

此外，幼儿园是强调规则的场所，所以家长也要与孩子一起遵守规则。

占有某种东西——感觉占有、支配自己所属物的快乐

孩子“自私”或者过于“大方”都不好，最好的表现就是待人接物有分寸，但这取决于他建立了完善的物权观念，而这需要大人进行妥善的引导。来看一个例子。

敏感期表现

小一不知道从什么时候开始，总是喜欢霸占东西，在小区里是出了名的“小自私”。比如小一带玩具出去玩，带吃的出去，从来不会和别人分享。不管父母如何引导，她都不肯分享，弄得家长尴尬极了。而在家里，所有入她眼的东西，她认为都是她的。比如姥姥炒的菜，她会霸着其中的一盘，不让别人动，说是她的，即使爷爷、爸爸、妈妈都不许动。爸爸妈妈上班去了，姥姥陪她在她的房间睡觉，小一会指使姥姥："你回你自己的床上睡去！这是我的床！"弄得姥姥也不知道该怎么应对。

育儿心经

小一的表现是处于社交敏感期的孩子最典型的一种表现。此时孩子的物权意识已经发展起来，不同于小时候的那种区分不了你、我，现在开始试着去区分"你的""我的"，只有当这个"我的"给他带来安全感后，他才能过渡到接受"这是你的"带来的安全感，从而完成良好的社交。所以这段时间，孩子表现得很自私，强调"我的"，体验那种占有、支配自己所属物的快乐，实际上是为他后面分清"你的"作铺垫。所以这是孩子成长中的必然，大人要理解和支持。

专家支招

面对孩子成长中出现的物权意识萌芽，我们要尊重孩子成长中的自然过程。

（1）大人不要急于纠正

当孩子对"我的"感兴趣，感觉占有、支配自己所属物快乐时，大人不要依着自己或者大众的标准去衡量，非要让孩子懂得"分享"，尤其是不要强迫、"威胁"他："你不分享，以后就没人理你了。”这样的结果，只会导致孩子更自私，或是破坏了他的物权意识培养，虽然懂得了“分享”，但其危害也是巨大的，可能会造成孩子胆小、软弱的性格，再或者过于大方，毫不利己专门利人，也不会获得良好的社交培养。

（2）大人可以做好榜样，引导分享

父母在家里吃东西时，将分享这件事做给孩子看。比如吃水果时，开心地将水果分给在场的所有人吃，那种愉悦感会传递给孩子，潜移默化中他以后也会这样做。当孩子有意识分享时，要给予鼓励，表达感谢，孩子越小就越要多表达对他的感谢。随着孩子年龄的增长，再就此给他一些身份的认定，比如告诉孩子：你真是一个大方的孩子；你是一个会照顾人、懂得分享的好孩子；你是一个人缘很好的孩子……如果这个功课都做了，后续教养孩子的烦恼就会少一些。

（3）创造宽松的环境让孩子成长

给孩子提供一个宽松、受尊重的环境，只要孩子所处的环境足够放松，有足够多的同伴彼此相处，很快就会掌握“我的”“你的”的物权意识，等他的社交敏感期发展到高级阶段时，就可能成长为一个优秀的社交者。

总之，对孩子的物权意识培养要学会尊重，而不是拔苗助长地高标准严要求，否则孩子因为受不了，自然会想办法自我保护，那样更不利于其成长。所以请相信孩子的潜力和自我学习的能力，进而做好榜样，慢慢引导，这样他就不难成长为一个社交“能手”。

不等价交换——价值和友谊没关系

可能有一天你发现孩子乐于交换物品了，常常拿自己的东西和别的小朋友换了一个别的小玩具，或者拿了一个不太值钱的东西，又和小朋友换了一个价值较高的物品。有这种行为时，说明孩子正在拉开他人际交往的大幕。开始学着与人交往是孩子社交敏感期的一个特殊表现。

♡ 敏感期表现

果果从幼儿园回来了，手里拿着一个破了的纸蜻蜓，“妈妈，你看，好漂亮的纸蜻蜓！”妈妈问她：“哪儿来的？”

“换的！”果果还一脸的兴奋。

“换的？用什么换的？跟谁换的？”妈妈追问。

“用爸爸给我买的芭比娃娃和张子玉换的！”果果得意扬扬地说。

一听果果这么说，妈妈才发现果果的芭比娃娃没有带回来，于是她就生气了：“你太傻了！那个芭比娃娃多贵啊？！还是刚买的。这个破蜻蜓能值几个钱？”

果果一听，兴奋劲儿全没了，委屈地哭了起来……

♡ 育儿心经

孩子成长到一定阶段的时候，会用东西来交换友谊，但是孩子之间的物品交换常常是不等价交换。其实所谓不等价，是成人按照交换物品的价格做出的判断。实际上在孩子眼里，他们是各取所需，因为他们对物品的价格没有概念，所以他们认为换到手的东西和自己换出去的东西是等价的。他们会为这种交换感到自豪。通过交换物品，他们掌握了交往的技巧，也开始思考交换给交往带来的“好处”。所以，父母要尽可能保护好孩子们之间的这种交换关系，帮他顺利地度过敏感期。

♡ 专家支招

交换物品是孩子人际关系敏感期的重要标志，孩子不会交换物品反而不正常。所以，父母不要责备孩子之间的不等价交换，应该鼓励支持孩子的这种行为。

（1）给孩子创造交换条件

父母平时要给孩子一些玩具或食品，从而让孩子拥有交换或赠送的条件。也可以引导孩子和别的小朋友进行交换。从玩后再还给对方开始，过渡到他自己决定交换什么，要不要拿回来。

（2）交换后的妥善处理

有时候，孩子与别的小朋友交换了东西后会感到后悔，于是就想再要回来，但是小朋友不一定会把东西还给孩子。这个时候父母就要注意引导孩子：已经交换出去的物品就属于人家了，以后再交换的时候要考虑好了，一旦交换了，就不要反悔。这样，孩子就会明白，通过交换，物品已经有了新的主人，他也就懂得了要遵守交换规则，这对孩子的社交能力提升，又上了一个档次。

所以面对孩子的不等价交换，父母的态度和情绪很重要，善后处理也很重要，希望每个孩子都能得到妥善对待，在社交大道上走得更“潇洒”。

课堂捣乱——多动症？“哗众取宠”？

幼儿园里的一些孩子，在课堂上会做出一些违反课堂纪律、喜欢表现的行为，这属于处于社交敏感期孩子的一种特殊表现。

♡ 敏感期表现

幼儿园开展家长入园“当一天老师”的活动，天天妈去了。等上洗手间的时间到了，老师对小朋友们说：“小朋友们，现在我们要去卫生间了……”然而老师还没有说完，天天就学着老师的样子大声喊：“男同学别去！女孩子先去！”可是全班小朋友并没有听他的。

妈妈觉得应该借此机会教育一下天天。她建议老师让小朋友们先留在座位上，然后宣布让天天当今天的“小老师”。孩子们觉得很好玩，嘻嘻哈哈笑成了一团。天天喊了几遍“男同学别去，女孩子先去”，但还是没有人理他。天天有些沮丧。

妈妈趁机告诉天天：“你看，你一个人的声音不如全班人的声音大吧？平时老师上课的时候，你总是在下面讲话，搞小动作，别人还听得见吗？总是影响别人是很不好的习惯，是不是？”天天听后，慢慢低下了头。

育儿心经

生活中，像天天这样“爱表现”的小朋友不少。一般来说，“爱表现”的孩子在家中大都备受关注。孩子“爱表现”，也是社交敏感期自我尝试、自我认可的表现，他们从外界反应来判断自己的言行是否受人喜欢。对于3～6岁的孩子来说，多是这种情况。但也不乏个别孩子属于多动症或是心理受到伤害寻求“安慰”而做出一些在旁人看来“哗众取宠”的举止。不管怎么说，对于处于社交敏感期的孩子的这种表现，家长要合理引导。

专家支招

对于在课堂上不守纪律的孩子，家长和老师要学会引导，像案例中天天的妈妈就做得非常好。有些时候，让孩子亲自去尝试一下，既满足了他的好奇心，也让孩子感受一下自己的行为究竟会给别人带来什么影响，他就不难认识到自己不守纪律的行为是错误的。

所以针对孩子爱在集体中捣乱、爱说话、爱表现等一系列问题，除了上面案例中家长使用的方法，也可以这样做：

（1）关注孩子的内心渴求

一旦孩子出现“爱表现”、爱捣蛋的行为，就意味着孩子的心理开始出现“被关注”的倾向了。家人就要多和孩子聊天，可以谈谈他在幼儿园的表现，说说他在幼儿园的一些行为的对错。给孩子讲道理，教育他要学会遵守纪律，不能捣乱。给孩子更多的爱和关注。在人多的地方，试着引导孩子组织小朋友们玩游戏，这样既满足了孩子“表现”的欲望，也锻炼了他的组织能力、领导能力。

（2）倾听孩子，引导孩子倾听

倾听孩子，会让孩子有安全感，更加开放自我，说出心里真实的想法，也有助于家长把握孩子的问题，给予引导。同时，家长注意倾听孩子，也能潜移默化地影响孩子，使得他学会倾听别人，得到一种安静兼具启发功能的情感传递，使人际关系顺畅起来。

所以，对于孩子敏感期出现爱捣乱行为，不妨视为正常的事，同时给予他倾听和引导，从而使得他的独立性、自主性、社会交往能力等良好的心理品质得到发展。

欺凌，被欺凌——从个性和教养上找原因

孩子和人交往，有时候会发生欺凌别人或是被别人歁凌的现象，这都要从孩子的个性和教养中找原因，进而引导孩子顺利地度过社交敏感期。

♡ 敏感期表现

小A，是一个爱打人的孩子，小区里的家长们对他都“讨厌”极了。有时候在小区里玩，大家看到小A过来，就抱起孩子走了。小A的父母也很委屈，孩子打人是不对，但是每次打完人之后，小A受到的惩罚也很重。惩罚完小A，他们也很心疼，所以很多时候他们都让小A一个人在家里玩，不带他到热闹的地方。

乔乔是一个个性软弱的孩子，经常被人打，妈妈很生气，每次都骂乔乔："你的手呢？你怎么不还手？"可是这并不能解决什么，乔乔依旧经常被人打。一家人都很郁闷。

亮亮和小朋友在小区里玩，回家后，亮亮对爸爸讲："晨晨打我了！"亮爸一听，急忙问："打哪儿了？怎么打的？你打他了吗？"亮亮说："用手打我的，打我肩膀了！""那你还疼吗？"爸爸又关切地问。"不疼了，我也打他了！"亮亮笑着说。"真棒！儿子要记住，以后别人打你，你就打回去！不能吃亏，否则他会觉得你好欺负！"爸爸这样教育亮亮。

♡ 育儿心经

上面三个案例中，是孩子打人或被打之后，家长们的真实反应。

需要提醒家长的是，孩子之间出现冲突，一般都没有什么大不了的矛盾，绝大多数是因为抢玩具、插队、游戏中有意或无意的摩擦等引起的。孩子的处理方式比较简单，而且不记仇。如果父母直接干预，不仅很有可能把简单的问题复杂化，还会伤了家长之间的和气。所以对待孩子间的冲突，大人不要过激，做出出格的事情。平时要对孩子进行恰当的教育，以便让孩子远离这类冲突。

专家支招

在日常生活中，预防孩子欺凌和被欺凌，在教养上要注意从以下方面规避：

（1）面对个性强的孩子，爱打人的孩子

对于个性强的孩子，我们要引导他对同伴友好谦让，多鼓励他用礼貌用语同别人交流，别人的东西不能随便碰。此外，要对孩子强调规则，强调打人是不文明的行为。如果孩子打了人，要教育孩子承担后果，要求他道歉，并且安抚被打的孩子；或是要求抢东西的孩子归还物品并道歉。经过多次这样的处理后，孩子会逐渐明白规矩的严肃性，以后就会逐步遵循这一规矩而不会随意违反了。

（2）对于个性较弱的孩子，受欺负的孩子

对于弱势的孩子，千万不能过度保护，当然更不能撒手不管。如果孩子受了委屈，被人欺负，父母要做孩子坚强的后盾，接纳孩子的害怕和委屈，但也不要表现得过于紧张、焦虑，只需要让孩子在内心意识到：不管对方有多么强大，只要自己遵守了规则，就不必向任何人妥协。

如果孩子处理得不好，父母还是要及时出面干预，但并不是替孩子出头责骂对方，也不只是简单地拉开了事，而是要教会孩子自我保护和沟通协调，这是孩子适应社会必须具备的基本能力，父母要给孩子做好榜样。

如果孩子是个“受气包”，爸妈要引导孩子捍卫自己的权利，鼓励孩子不能一味地忍让。同时，家长也要成为孩子坚强的后援，可以给孩子灌输强硬的理念，也可以表现出强硬。这样孩子就会感到家长可以保护自己，从而产生强烈的安全感。

当孩子在外面受到欺负后，家长绝对不能用“你怎么这么没用？！”“怎么老是受欺负？！”这样的话来质问孩子，这样做只会让孩子受到更大的伤害。

家长是可以鼓励孩子去进行反击的，然而一定要告诉孩子，反击要适度。要做到“我不被别人欺负，同时也不去欺负别人”，不然的话，很容易激发出孩子性格中的暴力倾向，发展下去的话，最终吃亏的还是孩子。

我要“结婚”！——孩子的婚姻敏感期到了

对于3～6岁的孩子来说，婚姻既神秘又好奇。因为一知半解，所以他们很容易闹出笑话。这个时候，孩子要“结婚”的也有，说“××是自己女（男）朋友”的也有。不管怎么说，这都是孩子婚姻敏感期的特殊表现，是很可爱的“爱的宣言”。

敏感期表现

三三今年4岁半，有一天他突然走到妈妈面前说：“妈妈，我们可以结婚吗？”妈妈看着三三有趣的小脸，思索了一下说道：“妈妈不能嫁给你，因为我已经嫁给你爸爸了！”三三听后，有些小失望，然后说：“那我可以和双双结婚吗？”双双是三三的小伙伴，妈妈想了想说：“也不可以，等你们长大了，才能结婚。到时候双双也可能会和别人结婚，你也可能会和别人结婚。”三三还想继续追问，但是妈妈找了个借口赶紧脱身了。

育儿心经

在生活中，很多家长给孩子讲婚姻都会像三三妈一样，含蓄，不好意思。其实，孩子之所以这样说、这样问，是因为他们的婚姻敏感期到了。这是孩子社交敏感期中的重要一环，需要大人科学地给予引导，以保证他们树立正确的婚姻观。

通常来说，孩子在4岁左右会进入婚姻敏感期，会对父母产生强烈的好感。女孩可能想要嫁给父亲，男孩可能想要娶母亲，甚至女孩可能想要和母亲结婚，男孩也可能会想要和父亲结婚。这种情感的出现，其实是孩子在表达对某人喜欢的一种方式而已。这也说明他们对性别、婚姻有了朦胧的理解和概念。在这个时期，父母一定要耐心，用尊重、平等的态度以及科学的观点和孩子进行交流，不要嘲笑或打击孩子的“婚姻论”，不然会对孩子的人际交往，包括以后孩子对婚姻的态度产生负面影响。

专家支招

在孩子的婚姻敏感期，父母应该做到以下引导：

（1）正确看待孩子的婚姻敏感期

孩子进入婚姻敏感期之后，喜欢某个成人或小朋友，并且想要与其结婚是正常的，父母不要在公开场合以自己的标准来评价孩子的言行，尤其是不要打击孩子的想法，否则会给孩子造成严重的心理负担，还可能会影响到孩子未来的爱情观与婚姻观。

（2）与孩子平等地交流

当孩子说他想和谁结婚时，父母要和孩子好好聊聊。比如可以告诉孩子：结婚是只有互相喜欢的人才可以的，并且必须是大人，孩子是不能结婚的；如果喜欢某个小伙伴，可以直接告诉他，双方做好朋友，可以一起分享食物和玩具，可以互相照顾，但是不能结婚；要和爸爸妈妈结婚，也是不可能的，因为爸爸妈妈是保护宝宝的人，是大人，等宝宝长大了，爸爸妈妈也老了，还是不能结婚。

第 4 章

自我认知帮助孩子更好地认识自己

人的一生就是探索自我的过程，认识自我是人生之旅的出发点，也是实现自我价值的基础。尼采曾说：“聪明的人只要能认识自己，便什么也不会失去。”3~6岁的孩子，自我认知敏感期已经到来，此时他们会询问很多有趣的问题，如“我从哪里来？”“我是男孩还是女孩？”“我是谁？”“我是好孩子吗？”，等等。这些问题其实是他们想要更好地认识自己的外在表现，需要大人合理地解释和引导，这对孩子后续的成长及自我价值的实现有着重要意义。

自我意识的形成，有益于人格魅力的养成

孩子成长过程中最宝贵的是经历和体验，他们每成长一步，都是在汲取外界的能量，然后自我转换、自我觉醒和自我修正，从而达到“完善”自我的目的。这是一个人成长中的“习得”过程。这个过程很强大，也很有趣。

在“自我认知敏感期”，孩子主要从以下几方面来形成良好的自我意识：

询问

问自己是从哪里来的，是丑还是漂亮，是强大还是弱小，等等。在听了别人的回答后，把别人的评价当参照，深化对自己的认识。而在这个过程中，回答者应该注意对孩子评价的准确性、全面性、公正性。但是很多时候孩子接触的人不同，反馈的信息不同，所以孩子的自我认知也不太稳定，这需要父母合理地关注和引导。

比较

孩子会通过与同龄人进行比较来认识自己，使自己改进和调整，从而不断地完善自我。但孩子总是不由自主地用别人的形象或某种特点来衡量自己，并据此对自己做出某种评价，认为自己优于别人就沾沾自喜，认为自己不如别人就自惭形秽。当大人发现孩子有此类表现时，要给予恰当的干预和指导，使孩子在比较中不断进步，自我完善。

借助外界的评价来认识自己

家长要用积极的话语引导孩子接受自己：欣赏身上的优点，承认并改正身上的缺点和不足，珍惜自己的独特性，制定切实的目标。

每个人都有自己的长处和短处，要引导孩子借助外界的评价认识自己，然后扬长避短，修炼自己的言行。

打听出生——孩子安全感最早的来源

孩子到了一定年龄，会对自己从哪里来感兴趣。对于孩子这样的问题，好多家长感觉很难说出口。其实没必要，学习些技巧给孩子讲明白这个问题很重要。因为这个问题回答得好坏，对孩子最初安全感的建立有决定性意义。

♡ 敏感期表现

小叶子今年已经快6岁了，有一天晚上大伯一家来小叶子家吃饭。饭后，大家坐在一起聊天，大妈忽然开玩笑地和小叶子说："小叶子，你知道你是从哪儿来的吗？"小叶子一脸茫然，转脸问妈妈："我是从哪儿来的呀？"妈妈随口说了一句："你是妈妈在铁路边上捡来的！"小叶子听后，瞬间脸色变了："妈妈骗人！我才不是从铁路边捡来的！”说着忍不住哭了起来，而其他人也尴尬起来。

育儿心经

孩子自我意识的发展从提问“我从哪里来”开始，他们想用这种问题来获得自己与家人亲密的事实，而大人错误的回答，会让孩子产生严重的不安全感，对其自我意识的发展十分不利。所以家长一定要谨慎作答孩子“我从哪里来”这个问题，让孩子得到安全感。

专家支招

当孩子问家长“我从哪里来”时，家长要注意这样做：

（1）端正自己的想法

很多家长在听到孩子问出生时，就觉得这个问题难以启齿，总想办法避开。因为他们听到这个问题后总习惯和“性”联系在一起。其实，孩子的问询很单纯，就想知道自己是从哪儿来的，想知道自己和家人的亲密关系。家长用正确的方式告诉孩子就行。

（2）科学的回答

比如说，告诉孩子：“你是从妈妈的肚子里来的。因为这样，你才是妈妈最亲爱的宝贝！”很多时候，孩子对这种答案是很满意的，尤其是年幼的孩子，既得到了想要的答案，也满足了他们同大人间的亲密感的确定，巩固了心底的安全感。但有的孩子，尤其是年龄稍大些的孩子，对于父母这样的回答，可能不太满意，会问："我怎么跑到你肚子里去了呀？"这时候大人就应该从科学的角度向孩子解释。

（3）给孩子讲讲孕育的知识

父母可以对孩子讲："爸爸的精子和妈妈的卵子在妈妈体内结合成受精卵，住在妈妈的子宫里。妈妈的子宫就是孕育宝宝的'小房子'。宝宝在这个小房子里慢慢长大，等到长得很结实、很漂亮了，差不多280天左右的时间，宝宝想要出来看看外面的世界，就会给妈妈信息。这时候妈妈的肚子会一阵一阵地痛，在医生的帮助下，宝宝从妈妈的子宫里脱离出来，就来到了这个世界！"如果妈妈是剖宫产，可以让孩子看看自己肚子上的刀疤，告诉孩子："因为当时你太淘气，不愿意准时出来，所以医生为了你的安全，就在妈妈的肚子上划了一刀，把你取了出来。"

所以面对孩子"我从哪里来"的问题，家长简明扼要以实相告就好。

我是男孩还是女孩——性别确认敏感期到了

家长问孩子“你是男孩还是女孩”，有的孩子会很痛快地回答自己是男孩（女孩），但有的孩子却回答不上来。不过，回答得上来的孩子，有的家长会诧异：“他怎么知道的？”回答不上来的孩子，家长会着急：“他什么时候会知道？”还有的孩子会直接问大人：“我是男孩还是女孩？”

来看一个有趣的例子。

♡ 敏感期表现

乐天4岁了，最近他很关注男孩、女孩的问题，比如在小区里玩，看到小宝宝尿尿，他要跑过去看看，回头就会问：“妈妈，萤萤是女孩吗？她怎么没有小鸡鸡？”一听这话，乐天妈妈很是尴尬，但是为了不让孩子好奇心加剧，她告诉乐天："因为妹妹是女孩，所以没有小鸡鸡，男孩才会有。你看妹妹，还穿花裙子呢，你是男孩就不能穿。"听了妈妈这话，乐天似懂非懂地点了点头。

育儿心经

通常来说，孩子在4岁左右开始对身体和性别产生兴趣，尤其是对男女之间的差异特别感兴趣，5岁左右的孩子开始对自己的身体感兴趣。面对孩子提出的类似案例中的男女差异问题，家长不要想多了，其实孩子的想法很单纯。如果家长不好意思给孩子正确地解答和科学地引导，孩子的性别敏感期就会无限延后，长时间对于性别和男女身体的构造感兴趣。等到青春期的时候，孩子被压抑的需求就会爆发，很可能会做出一些错误的行为。

专家支招

孩子对性别和男女身体构造感兴趣是其心理发展的一个重要阶段，父母要科学对待。

（1）以正确坦然的态度应对孩子的疑惑

所有的孩子都会在一定的阶段对性别和身体构造感兴趣，尤其是对男女不同的生殖器官和性生理特征。有的孩子还会专门在后面看别人上厕所。这个时候父母要以坦然的态度来引导孩子，解释男女的不同。有一对父母（也是我的朋友）在这方面就做得相当好。

当时女儿说要看一下爸爸的小鸡鸡，爸爸很恐慌。妈妈为了避免女儿过度好奇，建议老公和自己一起把衣服脱了，躺在床上，让女儿找不同。妈妈用平静的口气对女儿讲："因为我们的性别不同，所以身体器官也不同，不管你看到的是哪个部位，那都是人体的一个器官，是为人体健康服务的，就像我们每个人都有眼睛、鼻子和嘴巴一样！"结果，女儿看了一会儿就没兴趣了。后来，女儿再也没有问过父母这方面的问题。因为她懂了，不好奇了。

（2）正确告诉孩子人体不同部位的名称

孩子进入性别敏感期之后，想要了解知道身体不同部位的名称、结构及作用。家长要学会利用这个阶段来为孩子解答疑问，以便孩子在心底有一个最初的概念，避免他们过多地关注和困惑于这类问题。

（3）讲讲男孩与女孩的区别

找一些男孩和女孩的图片，引导孩子找到并说出男孩和女孩的特征。

也可以借用一些儿歌来为孩子讲男孩和女孩的区别，比如——

"我是男孩子，不留小辫子，穿着小裤子，勇敢男孩子，跌倒又爬起。"

"我是女孩子，梳着小辫子，穿着小裙子，带着小卡子，聪明又漂亮。"

在孩子能够区分男孩和女孩之后，让孩子将家里人进行分类，谁是男人，谁是女人，并让孩子说出原因。

父母应该记住，绝对不能在孩子面前说一些会造成负面影响的话，比如说男孩怎么调皮，怎么不好，女孩怎么爱哭之类的话。

了解自己的基本信息——对自己有一定的了解

孩子3岁之后，你问他，“你叫什么呀？”“你几岁了？”“你爸爸妈妈叫什么呀？”“妈妈电话是多少？”“你是男孩还是女孩？”，等等。孩子基本上都能对答如流。有些问题大人没有教，可能孩子回答得还有欠缺，但是一般来说，到了这个年龄段，孩子对自己有了一定的了解，这是肯定的。

敏感期表现

糖果几个月前，妈妈教她：“我叫果果，我妈妈叫××，爸爸叫××。我家住在××小区，4号楼2单元302……”当时糖果一直都学不会，妈妈还背地里嘀咕：“怎么这么笨！”可是现在几个月过去了，糖果不光对妈妈教给自己的信息掌握得很好，还知道了更多自己的事情，比如自己在哪个幼儿园，哪个班，自己喜欢吃什么，不喜欢吃什么……都能说得清清楚楚。

♡ 育儿心经

随着孩子年龄的增长，他们对自己也有了一定的了解。这些了解有的是父母教的，有的是他自己从外界的信息中捕获到的。但是不管孩子从哪里获取的自己的“信息”，都说明他长大了，自我认知能力增强了。一个对自己了解的孩子是强大的，这对他构建自我认知能力，增强自己的内省智能有着重要的作用和意义。所以家长尽早教会孩子认知自己的一些基本信息，对他们的成长和增长智慧都很有益。

♡ 专家支招

为了帮助孩子能够更好地认识自己，家长要这样做：

（1）告诉孩子他的基本信息

孩子会说话后，教会他背诵家庭电话号码、所在城市和小区名、家庭成员的名字，甚至是他的出生年月日、出生医院、身高、体重等信息，也让他记住。对自己的信息了解得越多，孩子越明白自己的情况。

（2）告诉孩子身上的优点

孩子身上的优点需要挖掘，挖掘出来后，告诉孩子。这样孩子就能从更深一层的认知中了解自己，发扬身上的优点，展现个人价值，成长之路会越走越顺。

优点不分大小，都应该鼓励孩子发扬。孩子养成的好习惯也是一种优点，要鼓励孩子保持发扬，以利于他健康成长。

（3）动员周围的人来让孩子了解自己

孩子的老师、同学、朋友，都是他了解自己的信息源。父母应多接触这些人，听听他们口中孩子的样子。也可以和他们聊聊，让他们旁敲侧击地告诉孩子一些他们对孩子的印象。这样孩子从周围人的口中了解到自己的信息，会让他更加认同。尤其是孩子的老师，他们对孩子的评价可能最实际，家长可以找机会让老师给孩子一些中肯的评价。

“我是好孩子”——自我认知表现出心理特征

孩子说“我是好孩子”，可能很多父母觉得这是孩子的一种“学舌”——他们并不知道“好孩子”的真实意义。但是孩子3岁之后，心智发展已经达到了自我认知比较准确的程度，所以当他对自己做出评价时，家长就需要重新审视对孩子的教养态度。

♡ 敏感期表现

妈妈在工作，小青在一旁捣乱，妈妈很生气，告诉小青：“你要是再在妈妈跟前捣乱，妈妈就不喜欢你了！你这个坏孩子。”小青停下来，很委屈地告诉妈妈：“我是好孩子，妈妈你明白吗？”说着眼泪就掉了下来。妈妈一看小青的表现，赶紧把她抱过来搂在怀里，说：“妈妈明白，小青是好孩子。妈妈在工作，小青要听话呀！要自己玩，妈妈才能工作呀！”

育儿心经

小青在这里表达的意思是比较复杂的，她是因为不认同妈妈说她不是好孩子而做出的一种辩解。不像3岁之前的孩子那样，别人说他好或者不好，他不能分辨，3岁之后的孩子对自己的评价已经有了心理特征。

专家支招

当孩子的自我认知表现出心理特征时，家长要注意两个方面：

（1）学会尊重孩子

孩子长大了，他的自尊是不能随意被践踏的，所以家长切忌随口说出伤害孩子的话，否则他们的自我认同感会有偏差。要学会尊重孩子，认同孩子的感受。如果孩子做错了事，可以跟他讲道理，可以适当地对他进行惩罚，并告诉他这是他做错事必须承担的后果，但是，同时也要告诉他：“爸爸、妈妈依然喜欢你。”

（2）不要充当“巫婆”的角色

如果家长经常向孩子灌输“你不好”“你很坏”“没人喜欢你”的概念，让孩子真的认为自己很差，不讨人喜欢，他就会真的变差。通常孩子的感受和行为有直接的联系，有好的感受，才会产生好的行为，所以家长一定要采取积极的态度和积极的行动，让孩子按照理想的自己塑造自我。

关注孩子的内心，给他积极的评价，是家长应当做好的事。

喜欢角色扮演游戏——身份摸索的兴趣

孩子的知识是从经验中获得的，而孩子的生活本身就是游戏。角色扮演的游戏绝非简单的儿戏，它可是孩子认识世界的一种方式。每一个儿童在成长过程中都或多或少玩过角色扮演的游戏，尤其是在身份敏感期，孩子们更喜欢玩角色扮演游戏，因为这也是他们进行身份摸索的一种兴趣和表现。

♡ 敏感期表现

小区里一帮小女孩围坐在一起窃窃私语，她们正在玩过家家的游戏，角色有姐姐、妈妈、妹妹、宝宝。不同的女孩选择当某一个角色，然后就开始过家家。时不时出现“妈妈亲吻宝宝”的情景，出现“姐妹俩争吵和玩耍”的情景。更有意思的是，还有“宝宝撒娇”的场面。虽然她们也明白游戏有些可笑，但却乐此不疲，每天都会玩这个游戏。

♡ 育儿心经

角色扮演具有很强的教育功能，例如，如果孩子常常扮演年龄较大的哥哥、姐姐、爸爸、妈妈等角色，他就会自然地成为更加成熟、懂得照顾他人的人。通过体验不同的角色来感受生活，不管是扮演看病的医生、细心体贴的护士，还是扮演超人、奥特曼等英雄角色，都会让孩子在扮演的过程中，学习到一种关心别人、爱别人的能力。同时，通过对现实生活的模仿，再现社会中的人际交往，不知不觉中也就提升了人际交往的能力。

所以孩子在身份探索期玩角色扮演游戏，其实就是在进行身份探索的活动。家长对此一定不要嘲笑，相反，如果能和孩子一起玩此类游戏，对培养孩子的身份认同会更有益。

♡ 专家支招

既然角色扮演游戏有益于孩子的心智培养，是孩子身份探索的一种有效方式，那么家长就应该支持并创造条件鼓励孩子玩这一游戏。

（1）支持孩子玩角色扮演游戏

当你的孩子被你带到人堆的时候，记得让他邀请一些小朋友来玩角色扮演游戏。如果孩子年龄较小，父母可以参与其中一起玩。可以从简单的内容开始，比如“宝宝扮演宝宝”，让其中的一个小朋友扮演宝宝，引导周围的小朋友当妈妈，当哥哥，当姐姐，去照顾小宝宝。这样，孩子们一定会有很有趣的表现。而在这个过程中，参与到游戏中的孩子，也得以体会妈妈日常照顾宝宝的那份爱心。

而对于大些的孩子，家长可以任由他们自己发挥、自己创造，不要干涉其中。尤其是五六岁的孩子，他们玩角色扮演游戏比较私密，被大人发现会不好意思，所以家长更不要去打扰。

（2）提供一些必备的物品和空间供孩子玩角色游戏

可以给孩子提供一些角色游戏的道具，如医生的听诊器、妈妈的围裙，还有一些特殊的角色扮演服装等。也可以就地取材，用树叶、树枝等作床，作被子，或者当作奖品，在角色扮演中使用。这样会让孩子更好地发挥想象力，演绎一场想象与身份探索结合的华丽表演。

当然，有条件的家庭还可以在一些节日中，带孩子举办或参加一些大型的角色扮演活动，可以让孩子有很多机会穿上各种服装扮演不同的角色。

也可以在家里给孩子准备一个“百宝箱”，里面放满各种演出服，让孩子可以自由地穿上自己想穿的衣服进行角色扮演，而不用担心别人异样的眼光。

胆小，不自信——自我认知的另类表达

孩子胆小、不自信，可能是习得性的，尤其是在孩子小的时候，这种表现很可能是自我认知的另类表达，需要家长洞察孩子的内心隐因，引导他转变。

敏感期表现

小月从小和奶奶生活在一起，由于奶奶胆小、不自信，小月很受影响。后来小月快3岁的时候，妈妈把她接到自己身边生活。小月的个性才有了改观，但有时候，还是表现得胆小、不自信。比如当很多孩子在一起玩的时候，小朋友们都积极地表演节目，轮到小月的时候，她就低着头，说什么也不肯上前。可回到家后，小月却对妈妈讲：“其实我比成成唱歌唱得更好！”妈妈问她当时为什么不唱，小月就说她紧张。

育儿心经

像小月，从小和胆小、不自信的奶奶生活在一起，什么东西都不敢争取，这就在潜移默化中导致她的个性变得软弱。当需要她表达、表现的时候，她就紧张、怯场、不自信了。不光是案例中的小月，很多孩子都有这样的表现。这是自我认知中的一种缺陷，需要克服、改变。

专家支招

当孩子表现得不自信、胆小的时候，父母要和他坐下来分析一下原因。

（1）引导孩子说出内心的想法

父母可以引导孩子说："你觉得你是一个胆小的人吗？"孩子可能会点头，也可能会摇头。那么接着问："你既然点头了，就说说你为什么会这样想。"孩子可能会告诉你："我害怕，我觉得我没有别人做得好。"

"你不去试，你怎么知道？"

"因为我不敢。"

知道了孩子的内心想法后，家长就可以鼓励孩子在家中进行适当的练习，比如让他在家中表演节目，表达自己，给他鼓励和肯定。这样，逐渐过渡到外界环境中，让他慢慢地肯定自己，增强自信，就不难战胜不自信的表现。

（2）用爱与自由来帮助孩子

不管发生什么事情，父母首先要关注孩子的情绪和心情，问孩子：“你现在的感觉怎么样？需要爸爸、妈妈做什么事情吗？”这么一来，孩子感受到父母的关注和温暖，知道父母是自己最可以信任和依赖的人，从而愿意向父母说出自己的真实感受和想法。父母也就更能了解孩子，引导孩子改正缺点。

对孩子的提问要给予科学和客观的回答

孩子到了自我认知敏感期，想要了解更多关于自己的信息，会不时地向父母询问自己的情况。对于孩子提出的这类自我探索问题，父母要认真对待并给予科学客观的回答。

首先应该高兴

孩子问一些关于他自己的问题，家长应该高兴，因为这是孩子对自我探索感兴趣的表现，说明他开始构建内心的“自我”世界。对此，父母要认真、客观地答复孩子提出的问题，给孩子以适当的评价和引导，这对孩子的成长有益。

用孩子听得懂的话来说

针对孩子提出的问题，要根据孩子的年龄给出个性化解答，因为不同年龄段的孩子理解力不同。

例如，同样的问题——“妈妈，我是从哪里来的？”，给3岁孩子和6岁孩子的解答是不一样的。

3岁的宝宝，家长可以告诉他：“你是从妈妈的肚子里来的！”他会很开心。

而对于6岁的宝宝，家长如果告诉他是从妈妈的肚子里来的，他就会打破砂锅问到底。所以这个时候，家长就要借助书本知识来给孩子做解释了。

可以借助科学读物或请教专业人士

如果家长不知道如何解答孩子的问题，首先要向孩子承认自己也不知道答案，然后去查询，借助书籍或网络，或者直接请教专业人士。

家长承认“自己也不知道答案”非常重要，可以让孩子明白——爸爸妈妈也不是万能的。

要知道，家长在孩子面前“示弱”有利于孩子成长，所以不必要总在孩子面前扮演无所不知、无所不能的高大形象。

总之，孩子的成长是一个不断询问的过程，所以不管孩子问什么问题，家长都应该积极回应。家长用爱和科学来解答孩子的问题，就会收获一个对世界充满好奇、内心充满自信的成长型宝宝。

第5章

文化敏感期为学习打好基础

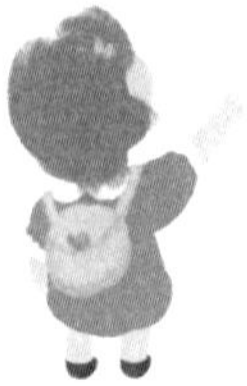

文化敏感期是孩子汲取科学知识的重要时期。虽然有研究表明，在3~6岁这个阶段，孩子对文化知识的掌握有些难度，但是他们的学习能力已崭露头角。这个时候对孩子进行一些必要的指导和培养，帮助孩子积累文化底蕴，对于孩子的智力发展以及后续的学习习惯养成有着重要的作用和意义。

孩子的文化敏感期始于3岁

孩子3岁之后，进入文化敏感期，他们能看懂电视剧的故事情节，能听懂妈妈讲故事，喜欢问“为什么”，用声音、动作等模拟生活情景，等等。

父母作为宝宝成长的见证人，不时为宝宝拥有这样神奇的能力而惊讶。

当孩子已经处于文化敏感期，家长就要为孩子提供丰富的文化资讯，最好是以本土文化作为基础，逐渐向外延伸。

具体怎么做？可以这样：

依据孩子的表现，给予相应的引导

当孩子能看懂电视剧的故事情节时，说明他理解力增强，家长可以问问他喜欢或者讨厌剧中的哪个人物，听听他的看法，让彼此的情感和认知得以交流。

如果孩子在这个阶段非常爱听妈妈讲故事，说明他已经理解文字的魅力了。由此，家长就可以多准备一些故事书，经常读给孩子听。这也是一种文化熏陶。

为孩子创设丰富、适宜的文化环境

家长可以让孩子看一些经典的绘本，领略不同的文化，感受不同的底蕴，培养孩子接纳多元文化。

也可以引导孩子留意生活中的文化载体，如广告牌，风景区的名胜古迹，电视广播里的地理、文化、评谈节目等，都可以有效地对孩子进行熏陶。

蒙台梭利认为孩子对文化学习的兴趣始于3岁，但到6~9岁时，这种兴趣转变为强烈探索的要求。所以在孩子6岁以后，家长依然不要放松对孩子文化教育提供资源，以便让孩子的文化素养有一个长期、有效的发展。

看懂电视里的故事情节——理解力增强

孩子获取乐趣和外界信息的一个最大渠道就是看电视。哪一天孩子表达出他能看懂电视里的情节时，家长势必会感到惊讶。

敏感期表现

有一回，妈妈忙着做事，让小江坐在电视前自己看一部叫《人狗奇缘》的电影。这是一部关于人和狗狗深情厚谊的故事。小江看得津津有味。妈妈忙自己的事情也忙得不亦乐乎。过不了多久，妈妈扭头关注了一下小江，发现小江两眼泪汪汪。妈妈以为自己看错了，喊了一声“儿子！”。小江吓了一跳，带着哭腔说：“妈妈！狗狗好可怜！”妈妈没想到刚3岁的孩子已经能看懂剧情了！激动地把小江搂进了怀里。

育儿心经

在父母的眼里，他们一直认为孩子看不懂电视的故事情节。所以当孩子在看电视后表达出他对剧情的共鸣时，父母就惊讶了：“原来这小人儿什么都懂？！什么时候开始看懂的？那之前一些不适合孩子看的电视剧，会不会给他造成不好的影响？”

一般来说，孩子2岁左右，就能大致看懂剧情，但是能真正理解影视中的情感，也就是说对剧情发生情感共鸣，应该在2岁半到3岁左右。之后随着年龄的增长，孩子对剧情的感悟会越来越深刻。

专家支招

当孩子能看懂剧情，进而发生情感共鸣的时候，家长就需要给予孩子合理的引导。

（1）和孩子分析剧情，积极疏导

当发现孩子能看懂电视时，要注意引导。尤其是当电视剧出现一些不适合孩子看的情节时，你可以和孩子一起聊聊。告诉孩子那只是一种表现手法，并且电视剧都会虚构故事情节，并不是真事，所以不要往心里去。

（2）对影视的观看要有所选择

当你发现孩子能看懂剧情时，请注意选择一些阳光、积极的影视作品给孩子看。尤其是现在的影视作品泛滥，所以选择阳光、积极的动画片让孩子看是有益的，尽量避免孩子看成人影视剧。

另外，不要总让孩子看电视，尽量控制在一天不超过1小时，可以鼓励孩子多看一些书，以增长知识。

爱听妈妈讲故事——理解文字的魅力

3岁之后，很多孩子都会要求大人讲故事。所以家长都应该养成给孩子讲故事的习惯，让孩子通过听故事收获欢乐，同时增长知识。

♡ 敏感期表现

快4岁的玲玲特别喜欢缠着妈妈给她讲故事。每晚睡觉前，玲玲都会去书架上拿本书来，让妈妈给她讲故事。妈妈也乐意给女儿讲故事。有时候一个故事讲完之后，玲玲还要再听一遍。有时候好几天玲玲都会央求妈妈读同一个故事。妈妈发现玲玲的记忆力特别好，只要是听过的故事，哪怕只听一遍，她也能复述下来，还能模仿妈妈当时讲故事时的腔调。

♡ 育儿心经

案例中的玲玲是语言智能发展得不错的孩子，她愿意听妈妈讲故事，这说明她理解文字的魅力，能感受到文学作品带给自己的那种享受。尤其是玲玲能模仿妈妈的腔调复述故事，这说明她在文化感悟方面比较有天赋。面对孩子这样的状态，大人应该感到自豪，但是还需要继续引导。

♡ 专家支招

当孩子能够主动体验文字的魅力时，家长要做的就是：

（1）满足孩子的愿望

比如说孩子喜欢家长给他读故事，那么家长就安排出时间来，每天给孩子读一个或者几个故事。天天坚持，将这种行为养成一个习惯，长期保持下来。日积月累，对孩子的文化水平提高非常有益。

（2）利用多媒体工具来给孩子播放故事

比如电脑、电视等，把故事系列的音频、视频播放给孩子听、看，让孩子感受不一样的文化故事，享受文字的美感，为后续的学习打下基础。

（3）父母也可以多和孩子互动

比如妈妈可以在给宝宝讲完故事后，问宝宝，“故事里的××

是好孩子还是坏孩子呀？”，“如果遇到故事里的危机情况，你会怎么办？”，“妈妈想听故事了，你来给妈妈讲《小鲤鱼》的故事好不好？”，等等。这样，通过与孩子的互动，能让孩子更好地体验文字的魅力。

喜欢问“为什么”——有探究事物奥秘的需求

什么时候你的孩子成了“十万个为什么”，那么恭喜你，你的孩子探究事物奥秘的需求和兴趣增强了。这是孩子求知欲发展起来的见证，要注意合理地引导。

♡ 敏感期表现

有一段时间，早早特别喜欢问“为什么”，比如吃饭的时候，早早问妈妈：“妈妈，我们为什么要吃饭呀？”妈妈说：“饿了就要吃饭。”“可是为什么会饿呢？”妈妈又答：“因为人的身体里有消化器官，食物消化完了，人就饿了，就要吃饭。”“可是为什么要消化食物呢？”在一旁的姥姥听着笑：“你去把那砂锅敲碎了，问去吧！”

育儿心经

大概每个家庭都遭遇过孩子不停地问“为什么”的情况。在这一问一答中，孩子开始理解问答中包含的信息。通过自己的理解和整合，来探究事物的奥秘。这是一种学习的本能，也是文化敏感期中一种特殊的表现。孩子问“为什么”，家长要认真回答，并给予积极引导，以利于孩子发散思维，学习到更多的知识。

专家支招

面对孩子不停地问“为什么”，家长一定要这样做：

（1）不要烦，要耐心回答

处于文化敏感期的孩子，不管他问什么，家长都要表现出饶有兴趣的样子来回答孩子的问题。

（2）引导孩子从书本中找答案

家长要认真地回答孩子的问题，还可以引导孩子从书本中找答案。年龄小的孩子可以给他买类似于《十万个为什么》这样的绘本，让他一边看图，一边找答案。如果是年龄稍大的孩子，家长可以给他买《十万个为什么》的注音版本，指导他通过拼读文字理解问题的答案。

（3）平常和孩子多讨论问题

平常没事的时候多和孩子聊天，讨论问题，随便一个问题都可以和孩子讨论，可以家长来问，让孩子回答，或者就一个事物，设计问题让孩子找寻答案。

用声音、动作等模拟生活情景——文化创造力的表现

随着文化敏感期的发展，宝宝自然而然地能用自己的方式来表达一些“文化”。比如可以听歌跳舞，可以用声音、动作等来模拟生活情景，这是文化创造力的表现。

敏感期表现

早上还在床上，点点忽然被一种奇特的声音吵醒，他睁开眼睛，对妈妈讲：“妈妈，你听，是什么声音？”妈妈认真听了听，没明白点点说的是什么声音，然后点点又说，“你听，嘣——嘣嘣！”妈妈听了一下说：“外面有人在打篮球！”妈妈忽然想到前几天，点点模仿小猫咪走路的样子：“妈妈，我今天在楼道里看到一只猫，它是这样子跑的！”说完，点点弓起腰，两只小手抱在胸

前，两脚一前一后地颠着走……可爱极了。妈妈想着点点最近语言和动作表达丰富多了，觉得他真的长大了！

♡ 育儿心经

在文化敏感期，孩子从外界习得的文化内容，会牢记于心，并且转化成自己想要表达的文化形式。

就案例中点点的表现来讲，可能他从电视中，或是书本中，或是平常的经验中，学会了用声音和动作形容模拟听到的、看到的事物。这是萌芽期孩子的文化创造力表现，如果是更大一些的孩子，文化创造力还可能表现在编诗歌、写作文等方面。

♡ 专家支招

当孩子处于文化萌芽期时，他会倾听观察大人的语言行为，并不断模仿练习。短短几年时间，孩子就能学会本民族基本的词汇，学习运用一些表达技巧。

家长要为孩子提供创造良好的文化环境，以帮助孩子发展文化创造力。

例如，把握好生活细节，将平淡的生活变成有趣的游戏，变成促进孩子发展的“生活课堂”，并及时把握生活中的点点滴滴，增加孩子听、说、读、写的机会。

自行写名字——文字理解和使用能力增强

对孩子来说，体验书写的乐趣和意义是最重要的文化表达和创造。所以当孩子会写字了，说明他的文化素养上了一个台阶。

敏感期表现

婉婉今年4岁多，有一次小姨问她：“婉儿，你会写自己的名字吗？”婉婉说：“会呀！”随即拿起小姨给的粉笔，在地上写了一个大大的“婉”字。惊得小姨半天没缓过神来：“真会写呀！谁教你的？”婉婉告诉小姨是妈妈教的。

♡ 育儿心经

可能有很多人觉得孩子写字要到上小学后了，可是现在的部分孩子由于父母的超前教育，再加上周围环境的影响，很早就学会了认字、写字。不过有的孩子还不会认字、写字，这也很正常，和环境有关系。

♡ 专家支招

孩子会认字、写字了，这是文化素养发展得不错的表现。孩子还不会认字、写字，也没关系。只要家长有兴趣培养和训练，孩子也不难学会。

（1）对孩子写字功利心不要太强

很多教育专家认为，孩子上小学前家长没必要强求他学会认字、写字，尤其是对还不能拿笔的宝宝，家长更不必着急。孩子早晚都会写字，不急于这一时，童年应该是好好玩乐的阶段，让孩子顺其自然发展，尽力而为就好。

（2）培养孩子写字要寓教于乐

当孩子拿起画笔进行涂鸦时，大人可以引导孩子研究一下他写的东西，看看有没有一些笔画比较像个字。比如——

“哇，宝宝写了这么多‘1’呢！”

“还有这个‘6’看起来真像！”

“宝宝，你在这里写了很多的‘一’呢！”

“这个……你好像写了一个‘月’字。”

一般书写早的孩子，在3岁半左右，已经知道画与字的区别了，如果他以前从来都没有意识到画也能像字，听到你的话，他一定会高兴地再把那些“字”画一遍。

也可以给宝宝找一张半透明的纸，让宝宝描他喜欢的故事中的字。

也可以买一些专门的练习写字的手册，比如让宝宝练习描红。

这些都是可以促进宝宝写出漂亮字的最便捷的方法。

多陪孩子玩有文化渗透的游戏

对于3～6岁的孩子来说，他们的文化敏感期刚开始萌芽，父母不可能像对待上了小学的孩子一样，给予孩子系统的教学培养。所以，父母多陪孩子玩有文化渗透的游戏，对提高孩子的智商、情商有益。

如何玩文化游戏？可以这样做：

表演诗词

小朋友很喜欢歌舞表演，所以很多幼儿园也会将一些诗词编成儿歌来引导孩子唱一唱，用舞蹈表达一番。所以对于这种方法，家长不妨也学一学。比如选择一些可读、可唱、可表演的古诗词，引导孩子边读、边唱、边表演，在情、乐、学、识、玩中增长文化知识。

玩文字

可以选择几首古诗，如《咏鹅》《草》《锄禾》《画》等，教孩子读、背，并且给孩子备好相应的卡片：鹅、小草、农民、画，让孩子一边背诗词，一边选择相应的卡片。玩玩这样的游戏，可以增强孩子对文化的理解，有助于后续的学习。

玩配对

将文字或者文学作品名制作成相应的卡片，和孩子玩玩配对的游戏。比如相近的字有哪些，找一找；相近的文学形式有哪些，找一找；等等。这样，让孩子在寻找、比对、配对中了解文化形式，增长知识。

总之，文化的培养，对于幼小的孩子来说，用游戏的方式进行最有效。所以有兴趣的家长，要多发挥聪明才智，将想传授给孩子的文化知识融入多种多样的游戏活动，让孩子学中有玩、玩中有学。

第6章

空间艺术敏感期是想象力与创造力的萌芽

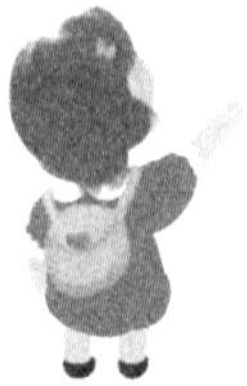

空间涉及我们看到的每件事物，包括看到或想到的形状、特殊模型和图案、具体和抽象的图画、颜色和纹理等。所谓空间智能，就是一个人精确地感知视觉世界，以及对自己的视觉经验进行再创造的能力。画家、雕刻家、建筑师、园丁、地图绘制者、平面造型设计师等都是空间艺术感超强的人士。3~6岁是孩子空间艺术敏感期的发展阶段，父母要善于利用这一时期，合理地引导，帮助孩子形成良好的空间艺术感，这对培养他们的想象力与创造力大有裨益。

孩子是世界上最敏锐、最热情的观察者

孩子似乎天生就是一个积极的观察者，他们对周围的事物充满好奇，通过感官吸收印象，再有选择地挑选印象。比如同样是翻看一本书，大人只关注书上有什么内容，或是看看印刷有什么不好的地方，可是孩子会看到这本书上面有没有小点点，或者他还发现了小洞洞，一只隐蔽在画面中的小鸟，等等。单从这方面讲，孩子就比大人观察到的东西要多、要有趣。

不要随意地去打扰孩子

来看一个案例。小孩子看到地上掉了一根细细的电线，觉得很有趣，拿起来把玩着。大人看到这一幕，觉得一根破电线有什么好玩的，走过去夺掉孩子手里的电线，要他玩别的。孩子顿时大哭。

由此可见，家长要尊重并成全孩子的兴趣，不要轻视孩子观察外界事物的活动。当孩子对外界事物进行探索时，家长除了不能硬性阻止，还应提供些相近的东西供孩子玩耍，也可以和他一起探讨他正在观察和探索的事物。不过要记住，如果孩子在他探索和观察事物时，不需要大人掺和，家长就不要掺和。

经常带孩子走进大自然

大自然是人类最好的老师，走进大自然能够让孩子获得更多的知识。在大自然中，孩子可以充分感受各种美的物象，潺潺的流水，五颜六色的花朵，婉转的鸟鸣，茂密的树叶，等等。同时，在大自然中孩子会体验和捕捉到更多的空间知识，对于他们的智能培养有益。所以，家长应该带孩子经常到大自然中，和孩子一起探索。这对培养孩子的认知能力、观察能力等都有帮助。

剪、涂、贴……是乐趣，也是在探索空间

蒙台梭利说，孩子通常在3～6岁进入色彩敏感期、空间艺术敏感期。这个阶段，孩子会对色彩、形状异常感兴趣。这为后续的写字、艺术创作、空间探索打下了基础。可以说，只有经过了最早期的任意剪、涂、贴……孩子才能够掌握有规律地书写，进而进行艺术创作。

♡ 敏感期表现

3岁多的满满最近迷上了剪纸，自从妈妈给她买了一包剪纸之后，她就乐此不疲，早晨一睁开眼睛就要剪纸，并且原来是乱剪，现在是能按着剪纸上的线条剪了。

3岁多的秋秋爱好的是涂画和贴画，家里的涂画书买了一本又一本，她画得不亦乐乎。家里床上、墙上，还有冰箱上、柜子上都是秋秋的贴画。秋秋妈觉得太乱了，要收拾，但是秋秋爸觉得这是女儿的杰作，要保留。

♡ 育儿心经

孩子们通过剪、涂、贴、画等，利用相应的“作品”来表达他内心的想法。在这个过程中，不仅锻炼了孩子的动手能力，发展了精细动作的能力，还锻炼了孩子的想象力与创造力。同时还促使他学会使用相应的工具，如剪刀、胶水、画笔等。在活动过程中，孩子虽然是在玩，却发展了他们的多种智能。

♡ 专家支招

（1）给孩子充分的自由

家长要支持孩子的剪、涂、贴活动，不要因为孩子四处乱画就批评他。如果实在不想让孩子在墙上乱涂乱画，可以在墙上贴上方便揭下来、方便涂鸦的壁纸。这样不仅能够满足孩子涂鸦的需求，也能够保证墙壁、柜子免遭污损。

（2）为孩子提供机会

为孩子提供任何可以剪、涂、贴的机会，比如参加一些这方面的活动，如幼儿园组织的，或是社会机构组织的，并且让孩子自由发挥，不要给他设定目标和要求。随着年龄的增长和不断地锻炼，孩子们会在这个方面做得非常规范，艺术感知力和创造力会更上一层楼。

也可以为孩子提供相应的参考书、视频等，陪着孩子一起学习，既能使孩子的剪、涂、贴能力得以提高，又能使亲子关系得以增进。

需要提醒的是，有教育专家提出：孩子如果在6岁之前都没有拿过画笔，那么他的绘画天赋很有可能会彻底消失。事情也许不会像专家说得那样绝对，但在绘画敏感期得到过锻炼的孩子的绘画能力确实要比没有得到过锻炼的孩子强许多。

喜欢垒高高、钻箱子等——感知空间几何

有时候孩子不停地垒高高、钻箱子，搞得家里乱七八糟，家长会不胜其烦。其实这是孩子空间艺术敏感期的一些特殊表现，他们在玩耍，也是在探索空间奥秘。

敏感期表现

3岁零10个月的大宝最近特别喜欢把易拉罐垒得高高的，并且他还喜欢钻纸箱子：把装易拉罐的纸箱两头都折开，一会儿套头上，一会儿放地上钻着玩，一会儿还摆弄起了长龙……总之，想尽办法折腾纸箱子。妈妈很郁闷，大宝却很快活。

♡ 育儿心经

将物品垒高，将物品重叠，是孩子探索空间的一种表现。孩子通过垒高高，通过物品重叠，视觉和触觉得以极大发展，并且想象力与创造力也得以发展。

孩子喜欢垒高高并且推倒重来的行为属于发自内心的喜欢，因为空间敏感期的到来使他们更喜欢探索空间的奥秘，所以家长务必要支持。

♡ 专家支招

当孩子开始喜欢垒高高、钻箱子等活动时，家长应该这么做：

（1）鼓励并支持

如果孩子垒高高，一次又一次不成功，不要干涉他。除非孩子叫你帮忙，否则不要插手。平常收集一些可供孩子玩垒高高的道具，如易拉罐，日本娃娃，摔不破的小瓶子、小罐子，还有纸箱子，等等。当孩子需要时，可以拿来给他玩。

（2）保证孩子安全

孩子进入空间敏感期，并不局限于垒积木，而是喜欢垒高一切身边拿得到的东西，如盘子、碗这类吃饭的用具等。所以家长一定要注意孩子的安全，将玻璃制品、陶瓷制品、金属刀具等容易伤着孩子的物品收好，不要让孩子拿到手里玩。

（3）寓教于乐

在孩子不反对的情况下，大人可以和孩子一起玩垒高和重叠的游戏，如比赛垒高高，看谁垒得高，按某种形状将物品重叠，等等。

需要提醒家长的是：孩子玩空间智能游戏，玩的内容不重要，重要的是他通过努力可以开发心智。

画一个由二至四部分构成的人体——抽象思维展现

4岁以后孩子的绘画会更加完整，如果是绘画能力发展得比较不错的孩子还可能画出一个完整的图形，比如画一个由二至四部分构成的人体。虽然不标准，但这却是他空间智能和抽象思维的展现。

敏感期表现

3岁以后，青青就特别喜欢画画。为了培养青青的这一兴趣，父母给她准备了不少的绘画工具和素材。青青画得不亦乐乎。过了4岁，青青已经“自学成才”。有一天她画了一个“人”，有头，有身体，有腿，虽然很抽象，但是却能明显看得出是个“人”。

育儿心经

孩子画了一个抽象的“人”，或许在外人看来画得不像，但是对于孩子来说，他画的就是一个人。爱因斯坦说，想象力比知识重要。所以，当孩子的绘画出现“抽象的表达”时，一定要呵护鼓励他，让他在自己的思维范围内进行推论和改变。这对他改进绘画能力、建构良好的抽象思维有益。

专家支招

对于3～6岁的孩子来说，他画什么不重要，而培养他们的想象力才是重点。幼儿大脑的创造性活动现已被认为是孩提时代的重要活动，甚至被普遍认为是一种创造性想象。正是通过这些活动，孩子赋予了那些他们所感兴趣的东西以赏心悦目的特征。

游戏是培养孩子养成抽象思维能力的有效途径之一，其中包括数字类游戏、下棋、走迷宫、搭积木、玩魔方，等等。在这里推荐一个游戏——绘制地图。家长鼓励孩子用小木棍画出记忆中的家或学校，周边的房屋、花园、商店等也一一标示出来。这对培养孩子形成基于实际的抽象思维有益。

喜欢泥塑等艺术作品——难得的艺术家思维萌发

当有一天孩子忽然对某种艺术品表现出兴趣时，这是艺术家思维萌发的表现，家长应予以关注。

♡ 敏感期表现

公园里有很多孩子围在一个泥塑绘画摊前涂色，乔乔就是其中的一员。自从她和妈妈来公园玩发现这个小摊后，就隔三岔五地过来在这个泥塑摊上画上几笔。妈妈觉得很浪费，可爸爸觉得这是培养孩子艺术细胞的有效训练，钱花得值。爸爸还告诉妈妈要呵护支持孩子内心的艺术家思维萌发，培养孩子良好的空间艺术能力。

育儿心经

孩子表现出对艺术品的喜爱，说明身上有艺术细胞，而培养发掘孩子身上的“艺术细胞”，实质上是发展孩子的特殊才能。发展孩子的特殊才能并不是要把他塑造成天才，但对于孩子的美感、艺术能力、逻辑思维能力的提高无疑相当有益。

专家支招

培养孩子的“艺术细胞”，家长要注意以下几方面的问题：

（1）抓住机会

当孩子表现出艺术感时，大人要不失时机地给孩子以支持或指导。比如孩子4岁时，会画抽象的“画”了，大人就要送给孩子绘画的黑板和纸笔，让孩子自由发挥、尽情“创作”。

（2）持之以恒

家长一旦决定培养孩子的艺术能力，就要做周全的计划，引导孩子持之以恒进行下去。

（3）关注孩子的各种艺术兴趣

关注孩子的艺术兴趣，加以引导，是促进孩子良好艺术感形成的重要方法。另外，如果家长想培养孩子的艺术兴趣，孩子却对此十分消极，那么家长也不要操之过急。因为孩子的兴趣会有临界期，如果过急培养，有可能会打乱他的临界期，使他永远地失去某种艺术能力发展的可能。

（4）摆正心态

当孩子表现出某种“艺术敏感”性时，家长既要支持，也要摆正心态。要知道，培养发展孩子的艺术细胞，不是为了培养他成名成家，而是在他成长的阶段，帮助他更好地发展内在的思维和能力。如果孩子的艺术敏感性表达不强烈，或是稍纵即逝，那么大人也不必遗憾，更不要逼迫孩子努力，尊重孩子快乐成长就好。

给孩子营造一个有创意的环境

环境对于培养孩子空间艺术能力有着很重要的作用和意义。给孩子创造一个有创意的空间，给孩子一片艺术天地，使他在空间艺术敏感期收获好的空间艺术刺激，促进心智开发。

具体可以这样做：

细心打造居住空间

有条件的家庭可以将家中的居住环境装饰成一种富有视觉活力的、令孩子愉悦的氛围，比如将室内的照明改用全光谱照明灯，将沙发、地毯、椅子、枕头，以及床上用品、窗帘等换成色彩鲜艳或具有某种几何图形的织物。这种有创意的家居用品，会给孩子带来很多乐趣。另外，也可以在家居内张贴一些海报、图表等。只要家长精心地去做，是完全可以给孩子创设一个让他愉悦的可以发展他视觉空间艺术感的学习环境的。

提供必要的物质支持

家长要为孩子提供必要的绘画工具和材料，以及可以制作手工艺术品的橡皮泥、叠纸、拼图、迷宫图、积木等，还可以给孩子添置幻灯、电脑等设备，让孩子从中享受良好的空间艺术刺激带来的乐趣，对他们的空间艺术智能发展有益。

带孩子去拥抱空间艺术美感

带孩子去公园或者郊外游玩，引导孩子欣赏美丽的自然风光、名胜古迹，看看奇特的建筑物，感受某些建筑物带来的艺术创造和艺术美感，刺激他们的空间才智。

也可以带孩子去逛逛街，感受一些城市的方位及一些风景的空间艺术美感。逛街的时候还可以引导孩子观看闪烁的霓虹灯和五光十色的橱窗，谈论行走的方向也可以激发孩子的空间艺术感。

有条件的家庭，家长可以带孩子去看画展、模型展等，也可以带孩子参加摄影比赛、泥塑比赛等。这些都可以有效地刺激孩子的视觉，让他体验各种艺术美感。

除了上面的做法，培养孩子视觉空间智能的方法还有很多，家长可以将空间智能培养渗透在平常生活中的点点滴滴。

例如，鼓励孩子为自己选择每天的衣服搭配，以增强孩子对色彩的敏感性。引导孩子收拾和布置自己的房间和活动空间，让他在摆放安置中体验空间艺术。

除此之外，还要注意的是，培养孩子的视觉空间智能，要结合孩子的情绪和兴趣，而不是刻意、枯燥地强制他执行。家长要为孩子营造一种轻松、自由的氛围，让孩子在没有任何压力的情况下，自由地说，自由地画，自由地表现。这样才有利于培养孩子的形象思维能力，激发孩子的视觉空间智能。

第 7 章

情感表达敏感期为情商蓄能量

3~6岁的孩子情感表达已经很直白，比如会主动亲吻父母，会向父母说“我爱你”，会与大人的情绪产生共鸣，会因外界环境的变化或喜或悲……这个时期，孩子的情感表达属于本能，也较为丰富，父母一定不要错过提升孩子情商的好时机。

高情商的孩子一辈子都幸运

情商的高低是有遗传前提的，但是生活环境和教养方法对孩子的情商培养更为重要，并且，这种培养越早越好。

孩子在3～6岁这个阶段，正是他们情感表达的敏感期，这个阶段如果父母注意加以关注和培养，对提高孩子的情商很有益。

具体怎么做？在本章中我们针对孩子的每一个情感表达都有具体的分析和引导，但总的来说，还需要大人做到以下两方面：

关注孩子

关注孩子是所有家长都会做的事情，但是这里特别提醒家长要关注孩子的言行和情感表达。当孩子有情绪、情感流露时，家长要给予积极回应，表达对他的爱意。

共情

不管孩子表达出怎样的情绪和情感，家长都要注意站在孩子的角度去考虑。对孩子进行培养的前提就是要家长自己先具有良好的情绪，并且要与孩子达到感同身受的地步，从而感受孩子的内心想法，给予他有效的回应和意见。

总之，具体问题具体分析，站在孩子的角度解读他的情绪和情感，才能给他最合适的帮助。

主动亲吻父母——对亲近的人表达爱

孩子很小的时候，家长会要求宝宝：“来，亲亲爸爸，亲亲妈妈！”等孩子大些的时候，他会主动地亲亲爸爸和妈妈，或者身边比较亲近的人。出现这种行为之后，说明孩子已经有了自主的情感表达。

敏感期表现

周末，宇晨在睡懒觉，妈妈跑过来哄他起床。小家伙被妈妈轻轻地叫醒，睁开眼，给妈妈一个甜甜的笑！妈妈也开心极了，就在宇晨的小脸上亲了一下！这时候宇晨一骨碌爬起来，坐在妈妈的怀里，随后给了妈妈一个甜甜的吻！妈妈幸福极了，这可是孩子长这么大第一次主动亲吻她！

育儿心经

一般3岁以后，孩子就能够同外界产生共情。像案例中的宇晨，妈妈温柔的声音唤他起床，让他感觉很温暖、很幸福，触动了他内心中“爱”的敏感因子，激发他用亲吻的方式表达对妈妈的爱。这也是孩子处于情感敏感期的一个重要的爱的表现。

专家支招

当孩子主动亲吻家长时，家长要给予孩子积极的回应。比如：

（1）夸奖孩子

“哇！宝宝好棒！都会主动亲爸爸和妈妈了！宝宝长大了！”可以把孩子抱起来举过头顶，表达惊喜，让孩子明白他的行为是爸爸妈妈喜欢的。孩子会记住这一刻的感觉和父母的反应，会加深他对父母爱的方式的习得和表达。

（2）趁机教育

当孩子对家长表达爱意的时候，可以告诉孩子你的感受、你的幸福。同时告诉孩子亲吻是亲近的人之间的一种爱的表达方式，只能在最亲密的人之间进行，不能随意亲吻别人。

（3）积极回应

除了亲吻，孩子还可能有他对父母专属的亲密小动作，如拍拍父母的肩膀，抚摸父母的头发，等等。当孩子出现此类表现时，家长要给孩子积极的回应，可以用亲吻的方式，也可以模仿孩子的做法回应他。这样孩子得到了父母的肯定，对他的“情商”发展有很重要的促进作用。

如果孩子3岁以后，没有对父母“爱”的互动，父母可以引导孩子，也可以从家庭教养方式上找找原因。应该说，孩子的言行是家庭的一面镜子，当他的心智成熟发展到某一步时，没有达到应有的表现，那么就应该从家庭方面找找原因了。是家长不习惯亲密行为的表达影响到孩子有样学样，还是家庭关系存在问题？这就需要家长进行自我反省。

要妈妈全心全意只陪自己——对情感有了寄托和思考

婴儿很黏父母，因为婴儿有“依附”心理，黏着妈妈有安全感。不过四五岁的孩子也会有黏人的表现。这种表现和孩子的情感认知有关，需要家长注意。

敏感期表现

瑶瑶已经5岁了，好像从4岁开始，她就变得很黏人。以前妈妈和爸爸在外地上班，瑶瑶是跟着奶奶生活。后来，爸爸妈妈为了更好地照顾瑶瑶，辞了外地的工作，回到本地，一家人终于团聚了。

可是自从妈妈回来之后，瑶瑶就表现得对妈妈非常“黏”。妈妈去哪儿她都要跟着。如果早上她醒来后，看不到妈妈，就会大哭。如果妈妈去外地出差，瑶瑶会闹很久。跟妈妈在一起，时不时地就要让妈妈抱抱。开始，妈妈对于瑶瑶的“黏人”很配合，因为她觉得自己在外地那么久，好不容易回来陪孩子，孩子对自己黏很正常。可是回来快两年了，瑶瑶依旧对她很“黏”，并且有时候家里来了客人，妈妈去抱一下别的小宝宝，瑶瑶都不让……妈妈对此很郁闷。

♡ 育儿心经

孩子在4～5岁的时候，开始对情感有了新的认识，会关注父母是否爱自己，而这个表现大多是通过黏着父母，或要父母抱，或让父母全心全意地关注自己来验证。

如果父母满足了孩子的要求，他就会认为父母是爱自己的；如果父母拒绝了孩子的要求，孩子就会认为父母不爱自己，会非常伤心。此外，孩子还希望父母只爱自己，不能够分心，所以当看到父母抱别的小朋友，夸奖别的小朋友的时候……孩子就会不高兴，有时候还会哭，或者发火，阻止爸爸妈妈那样做。这是孩子情感发展的需要，父母不能表现出不耐烦，要对孩子给予积极回应，以引导孩子走出情感敏感期的困扰。

♡ 专家支招

孩子处于情感敏感期，对家长很黏，家长要做的就是合理地引导：

（1）要满足孩子的心理要求

孩子进入情感敏感期之后，会变得脆弱，对父母的依恋和爱的确认超乎平常。这时候，家长要关照孩子的内心，配合孩子的心理需求，陪着他。这么一来，孩子感受到父母对自己浓厚的爱和关注，情感需求就会逐渐归于平静。

（2）学会正确地安慰孩子

当孩子看到父母亲吻别的小朋友或者给别的小朋友零食的时候，他可能会大哭大闹。父母这个时候可以和孩子解释："妈妈是爱你的！给别的小朋友拿吃的，抱抱别人，那也是最爱你的！你就是妈妈的宝贝呀！"如果父母不懂得安慰孩子，孩子可能就会总是惦记着这件事，会认为父母不爱自己。这很可能会影响到孩子心理的正常发展，所以父母务必注意。

（3）鼓励孩子自由地表达情感

孩子进入情感敏感期之后还喜欢告诉父母"我爱你"，喜欢父母抱抱，和父母挤在一起睡觉。这个时候，父母应该理解孩子，予以配合，并告诉孩子"爸爸妈妈都爱你"。让孩子自由地表达情感，让孩子感受到父母的爱，这对孩子来说是一件幸福的事。

对委屈特别敏感——情感需求落空

处于情感敏感期的孩子，动不动就会觉得受委屈，这是他情感需求落空的表现，需要家长合理地引导。

敏感期表现

强强4岁，最近总是动不动就哭。例如，吃饭的时候，妈妈把青菜夹到强强碗里，强强不吃，哭；强强和妈妈约好早上起床后一起刷牙，结果妈妈先起床，先刷完牙，强强又是一顿哭；幼儿园放学，妈妈来接强强回家，强强让妈妈抱，妈妈让他自己走，强强又是一顿哭……看到强强这样，妈妈很是发愁。

育儿心经

一般来说，到4岁，宝宝基本上具备了这样一些品质：听从父母的劝告，随时调整自己的需要；在情绪与理智的较量中，能够较为成功地摆脱情绪的控制；抽象思维有了一定的发展，能够预见事物的未来发展趋势；能够依靠想象力和对未来的展望，忍受眼前的不适应……这个阶段正是对宝宝进行挫折教育、培养乐观品质的最好时期。但是像案例中的强强那样，则属于孩子在情感敏感期的又一类心智表现——情感需求落空。这样的孩子需要大人重新给他进行挫折教育和情感引导。

专家支招

（1）避免过度地保护和给予

对于孩子，家长需要进行适当的挫折教育，不要事事包办代劳。要让孩子经受挫折，只有让他经受一些挫折，才有助于他吸取教训、改正错误，增强自身的能力和意志。

（2）表扬和批评

恰当地利用表扬和批评的力量，有助于孩子更好地成长。但是表扬和批评要讲技巧。

表扬不能滥用，只有当孩子真的做出了值得表扬的事情才能给予他表扬。其次，表扬的内容要具体，越具体，孩子越明白自己获得表扬的原因，进而再接再厉。

批评孩子，要注意以下以点：

1）用孩子听得懂的话去批评，越简单明了越好。

2）不要让孩子当众丢脸。

3）不要抓住失误说个没完。

4）不要给孩子造成心理压力，尤其是对于内向、敏感的孩子。

5）要让孩子明白，批评他只是针对他的错误行为，批评过后，爸爸妈妈还是一样爱他。

另外，平常要多关注孩子，及时和他沟通，了解他的内心，避免他有过多的坏情绪表达。同时，父母遭遇困难能够乐观自信地面对，对于培养宝宝的乐观品质也至关重要。

会安慰人——共情表现

一般来说，孩子出现安慰人的行为，正是他们处于情感敏感期萌发的时期。这个时期，是孩子共情教育的最佳时机，对开发他的情商有益。

敏感期表现

兜兜最近有些言行举止特别可爱。在小区里玩，如果哪个小朋友摔倒了，哭了，兜兜马上会跑过去，用胖乎乎的小手拍着人家，“别哭了，别哭了”安慰人家。在家里，妈妈不小心把手磕了一下，兜兜会赶紧跑过来，帮妈妈吹吹。奶奶感冒了，兜兜会安慰奶奶：“乖哈，好好吃药，就不难受了！”总之，兜兜就像一个小天使，到处播撒他的爱心，也收获了不少赞许。

育儿心经

到了3岁之后，孩子的心智发展较成熟了，他们与外界的互动也会越来越多。由于共情心理，孩子会对他人表达自己的情感和爱心。这是孩子在情感敏感期的一个重要表现，也体现了孩子共情心理的良好发展，家长要给予鼓励和肯定。

专家支招

培养孩子的共情心理很重要，家长需要注意以下几点：

（1）父母的榜样作用

生活中我们经常看到，孩子的性格、行为与其父母有很高的同步性，因此，培养孩子共情能力的一个重要的方法就是，父母在孩子面前展示他们的共情能力和行为，对孩子进行正向引导。

（2）父母的强化作用

当孩子有共情表现时，家长要积极地予以赞扬。此外，家长要在孩子面前夸奖那些共情能力高，又表现出亲社会行为的人，从而引导鼓励孩子多进行共情的利他行为。

（3）切忌批评孩子多管闲事

孩子对外人表现出共情和利他行为时，家长切忌批评孩子的做法是“多管闲事”。这样会导致孩子把“施助”和“错误行为、指责”联系起来，而不再进行同类的共情和利他行为，变得越来越

“冷漠”。

（4）选择教育时机

当孩子出现伤害他人的行为（争执、言语及行为的攻击）时，家长要表现出对别人的同情和关心。这个时候要劝导孩子为自己的错误行为承担责任，并督促孩子去安慰和帮助对方，这样更有助于培养孩子的共情能力。

提醒爷爷吃药——把亲近的人放心上

孩子越大，越能理解什么是一家人，所以除了爸爸妈妈或经常带他的人，他会表达自己的好感外，对于家庭中的其他成员，他也会表现得更亲近一些。这说明他的情感认知又上升了一步。

♡ 敏感期表现

4岁多的萌萌是一家人的“开心果”，只要他在家，家里的欢声笑语就不断。最近，萌萌又有了一个暖心的小举动，让一家人又感觉温暖了许多。萌萌的爷爷因为心脑血管疾病住了一段时间的医院，几天前出院了，在家休养。爸爸妈妈告诉萌萌要小声，不要打扰爷爷休息。萌萌牢牢地记住爸爸妈妈的话，在家里刻意保持安静。有一天早上，萌萌要去上幼儿园，临走时，特意跑到爷爷的床前，跟爷爷说：“爷爷，你要在家休息，好好吃药哦！这样病才会好得快！”可爱的话语，可爱的小动作，让一家人开心得欢笑起来。

育儿心经

当孩子的情感敏感期来临后，他懂得了安慰人。这是他心智成熟的一个表现，也是他共情心理的表现，还是他从外界学习到情感表达方式并加以运用的表现。同时，孩子对家人表示亲密，也说明他的情感发展上升了一个台阶。

专家支招

当孩子对家人表示亲密的时候，家人要积极地予以回应。

（1）给孩子点赞

孩子对家人表示亲密，家人回应以微笑、赞许、表扬，是对孩子最好的肯定。孩子会从家人的反馈中，在心中构建完美的情感框架，从而有益于其良好的情感发展。

（2）将美好的言行扩展开来

家长可以引导孩子将他对家人表示亲密的言行发展开来，如案例中的萌萌，除了会安慰爷爷，还要引导他为爷爷做些更具体的事，如给爷爷唱歌、给爷爷倒水、陪爷爷聊天，等等。

（3）进行爱的教育

引导孩子感受身边的爱，让孩子感受大人的付出，如在告诉孩子“我爱你”的同时，也要求孩子回应说“我爱你××”。

孩子的情感要积极回应，更要理智对待

家长要注意，对于孩子的情感表达，既要积极地回应，也要理智对待。

学学老外

国外的父母都会把对孩子的爱挂在嘴边，每天都会对孩子说“我爱你”，而孩子也会这样和父母说话。目前，在中国不少地方，尤其是经济比较发达的地区，大多数中国家庭也是这样。但是和中国家庭不同的是，外国家庭会给孩子定规矩，要孩子严格遵守，并且不会轻易地满足孩子提出的要求，也不过分地关注他们，更不会包办代替应该孩子独立完成的事情。由此可见，外国家庭对孩子的爱是理智的。这点值得中国家庭学习。

平常心对待

不要对孩子百依百顺，对于孩子的需求要正确权衡与考虑，那些不合理的要求一定不能满足。这样孩子才能明白，不是所有的事情都以他为中心，不是他想要什么就能得到什么。

为孩子树立良好的榜样

家长要以身作则，从言语上和行动上，关爱家庭中的每个成员；要求孩子做到，自己首先要做到，用榜样的力量去影响孩子。

家长要用好的情绪影响孩子

孩于的情绪往往受家长的影响，日常生活中，家长待人接物要表现出热情、豁达、乐观、友善等良好情绪。这样孩子才会在和人互动时，表现得活泼、大方、快乐、友爱。

要注意孩子情感的细微变化

家长要关注孩子的情感变化，做孩子的知心朋友。对于孩子的情感要求，只要是合理的、能够满足的，家长应该尽量给予满足；不合理的、不能满足的要求，则要向孩子说明不能满足的原因。

陪孩子玩情感表达游戏

没有什么比游戏更能吸引孩子乐于接受教育了，引导孩子表达和培养他们的情绪，也可以用游戏的方法。

利用角色扮演

要想让孩子了解情绪，可以让孩子玩玩情绪表达游戏，如角色扮演。给孩子一些卡片，上面分别写上“哭”“笑”“郁闷”“开心”……让孩子自己选择卡片，在大人的引导下理解上面的文字代表什么情绪，然后让孩子表达出来。最后让孩子说一说哪些情绪是受人欢迎的，哪些情绪是不受人欢迎的，给他们讲讲如何才能培养良好的情绪。

利用文学作品来表演

给孩子讲经典的童话故事，其中的情节必须饱含感情，如《丑小鸭》《狼来了》《美人鱼》等。在给孩子讲故事的过程中，要不时停下来，问问孩子当时主人公是什么心情，如丑小鸭被妈妈抛弃的时候是什么心情；当人们被喊“狼来了”的小孩骗了之后，是什么样的心情……如果孩子还小，可能无法用语言形容故事中人物的心情，但如果他具有了体验别人情绪的能力，会在表情和语气中流露出那种情绪体验，这样的游戏就可以长期做，并且每次都要告诉孩子哪种情绪是不好的，需要如何解决和引导。

在家庭成员间玩情感表达游戏

家庭成员间开展情感表达游戏，既能提升家庭成员间的和谐度，也有益于孩子情感的培养。比如可以在家中玩“说真话”的情感表达游戏。用一条纱巾把大人的眼睛蒙上，坐在椅子上，然后孩子坐在被蒙眼睛的大人对面。这个时候，可以让孩子问，“你喜欢我什么？”“你最讨厌我什么？”“你爱我时，你要对我说什么？做什么？”这样的游戏可以在家庭成员中轮流进行，并且隔一段时间就玩一次。

总之，生活中可以用来帮助孩子练习情感表达的游戏有很多，家长可以积极开发尝试。

第 8 章

动作敏感期有心理发展和探索空间的双重需要

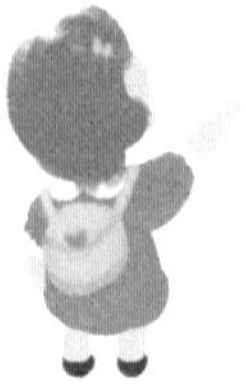

摇摇摆摆行走的宝贝突然有一天鼓着小小的身体试图撑破束缚，他们开始用手脚来“破坏”这个世界。他们的小手可以做更精细化的动作，可以单脚跳或翻跟斗……这时我们不必惊奇，因为孩子已经进入了动作敏感期的更高一层。蒙台梭利说：“运动除了能够增强体质之外，对心理发展本身也起着非常重要的作用。”动作敏感期也是孩子探索空间的敏感期，通过不断运动，形成空间概念。这是孩子内心世界的一种双重需要。在这一时期，我们要学会观察和引导，而不是呵斥和制止。

运动能力强的孩子聪明有活力

老人们总说刚出生的孩子就像一团面糊，对外界的所有事情都没有反应。其实并不是这样的。孩子从新生儿期开始就进入了动作敏感期。如果我们将手指放到小宝宝的手心上，他会自然地握住不放；妈妈在给小宝宝哺乳时，只要将乳头轻靠在孩子的脸边，他就会立即找到自己的“粮仓”……这些都是宝宝在动作敏感期的表现。

一般来说，孩子的整个动作敏感期会从刚出生一直持续到6岁。一般1岁左右孩子走路的敏感期就开始了，而手的敏感期会稍晚，但在1岁半左右也会进入手的敏感期。在此期间我们会发现孩子热衷的游戏是不断变化的，或许今天他喜欢不停地跑闹，过一段时间他可能会喜欢扔东西……他总是喜欢各种各样不同的游戏。过了3岁后，孩子的敏感期达到了一个高峰值。这时他可能是一个破坏小王子，也可能是一个不安分的小公主。所以这个时候想让他安静下来是很难做到的。

当孩子开始会跑、会跳、会用手接触各种东西时，家里便再也没有安静的时候了。

运动能力强的孩子更聪明

从运动生理学来看，0～6岁的孩子正处于运动敏感期，正处于快速地生长发育过程中，身体器官在结构和功能上都有极大的发展潜力和可塑性。而儿童运动、动作能力的发展可以直接反映儿童智力的发展情况。

我们可以观察一下身边那些智力水平不高的孩子，动作上也很迟缓，动作能力要远落后于其他的孩子。不难看出，动作发育是智力发育的早期表现形式之一。为什么这样说呢？人的运动、动作是受大脑皮层支配的。人体各部位在大脑皮层都有相应的运动中枢，孩子经常进行运动可以刺激相应的大脑皮层，使之更活跃，更精确地支配、指导运动和动作的发展。可见，运动的发育与脑的发育在部位和时间上有密切的联系。

无数教育专家认为，运动是自我与客观环境建立一种明确关系的唯一真正途径。智力的发展有赖于从外界获得刺激和信息，而运动正好架起了一座通往智慧的桥梁。如果我们在动作敏感期内阻止孩子进行更多的运动，必然会影响孩子的智力发展。

不过，我们身边的很多父母并不了解孩子的运动敏感期的重要性。他们甚至会以为孩子这时的跑、跳都是在故意捣乱。

很多三四岁的孩子都喜欢爬到高处再跳下来，但是有的父母会以危险为由阻止孩子这样做；还有些父母被孩子弄得精疲力尽便采用各种方法限制孩子的行为。这些父母的做法实际上严重阻碍了孩子的正常发展。孩子喜欢爬高、喜欢跳跃是因为有相应的心理需求，如果我们强加干涉，那么不仅孩子的心理需求得不到满足，他们的动作发展潜能也会受限。

明宇出生后就由妈妈和奶奶两人带大。从出生到上幼儿园，妈妈和奶奶都小心翼翼地守护着明宇。

因为害怕孩子受伤，外出时总是紧紧拉着孩子的手，不让孩子随便乱跑。

有一次，明宇在玩耍时把腿磕破了，这以后妈妈就再也不让他跑了。

社区里的儿童活动区，妈妈也很少让明宇去，奶奶也怕他磕碰或被别人误伤。

到了3岁左右，明宇开始上幼儿园了。可是刚刚入园的明宇还不会自己用勺子吃饭，不会用水杯喝水，不敢下楼梯，更不敢与小朋友一起玩。这时明宇的奶奶和妈妈才后悔莫及，家人的过度保护让孩子成了“温室里的花朵”。

运动不仅能让孩子的智力得到发展，还有助于孩子认识世界。因为孩子的运动技能、社交能力，以及认知和语言是同步发展的。也就是说，如果我们帮助孩子发展运动能力，他们不仅仅会变得更聪明、更强壮，而且会变得更善于和其他小朋友打交道，说话、认知能力都会增强。

培养孩子的运动能力就是在培养孩子聪明的大脑

从发展和神经科学来看，当孩子运动能力发展的时候，负责认知、负责协调多种信息并做出决策和时间预判的脑区（包括小脑和基底核区域）也会一起发展，这两种能力在婴幼儿大脑发育早期同时发展并紧密相关。因此，我们在培养孩子的运动能力时其实也是在培养孩子聪明的大脑。

那么如何培养孩子的运动能力呢？抓住动作敏感期是关键。在这个阶段，我们应当特别注意孩子的动作训练，让他们的肢体动作正确、熟练。除了大肌肉的训练（大动作，如跳绳、骑车、踢球、放风筝等）外，蒙台梭利更强调要注意小肌肉练习（精细动作，如搭积木、绘画、用绳打结等），即手眼协调的细微动作教育，这样不仅能养成良好的动作习惯，还可以促进智力的发展。

喜欢“搞破坏”——探索和研究能力展现

很多妈妈都不能理解三四岁的孩子为什么那样喜欢“摔东西”“搞破坏”。爸爸刚刚给孩子买的玩具汽车被拆得只剩下一堆零件，妈妈的闹钟也被拆散了架；电视机的遥控器不知什么时候也被弄得“粉身碎骨”了。

这样的孩子聪明活泼、活力四射、精力充沛，但是，他们又很有攻击性，破坏性强，还无视规则。他们往往爱到处乱跑，看见什么都想摸一摸，看见什么都想拆开看一看。这些小家伙好像天生就爱调皮捣蛋，总是让人又爱又恨。

可怜的父母们经常被这些小家伙弄得焦头烂额，或是气得不知所措。

这些小家伙真是爱搞“破坏”吗?

敏感期表现

4岁的艾林是一个可爱的小男孩，大眼睛，长睫毛，看上去非常讨人喜欢，但他却是有名的“破坏大王”。

在幼儿园里，他不是摸摸这儿，就是碰碰那儿。不是打坏了老师的水杯，就是拆坏了同学的文具盒……如果老师批评他，他就会一脸无所谓的样子，好像批评的不是他。

在家里，艾林的爸爸妈妈也是很头疼。他不仅喜欢“破坏”自己的玩具，对于家里的其他物品也不肯放过。家里几乎每天都有东西受损：不知什么时候，床单上被他画了一幅“印象画”，马桶里多了一只塑胶小鸡在游泳，妈妈的梳妆台上涂满了化妆品，爸爸的手表不知所踪……

育儿心经

孩子的“搞破坏”可分为“无意识破坏”和“有意识破坏”两种。一般来说，1～2岁宝宝因为手眼脑协调能力发展不完全，分析判断能力不足，对时间、空间距离、物体重量体积等估计不准确，往往会造成很多破坏行为。这种破坏行为属于“无意识破坏”。

当孩子逐渐长大，他们的自我控制能力不断增强，有些孩子开始出现一些“有意识的破坏”的行为。比如说，有孩子故意破坏自己刚刚搭好的积木，并周而复始、乐此不疲。

对于正处于动作敏感期的孩子来说，你不让他“搞破坏”也是不可能的事。可以说，“搞破坏”是每个孩子成长发育过程中的必经之路，是心理发展和探索空间的双重需要，也是探索和研究能力的展现。

父母应该认识到，孩子“搞破坏”并不一定是在捣乱。他们之所以会破坏某个东西，是因为他对这个东西感兴趣，想了解里面的秘密。正如蒙台梭利所说，“这是因为他想知道这件东西的构造”，“他在寻找玩具里面是否有有趣的东西，因为从外观上玩具没有一点使他感兴趣的地方”。

当这些念头一旦在孩子的小脑瓜里产生，他就会毫不犹豫付诸行动，将玩具汽车拆开看看，把玩具汽车的轱辘卸下来……于是，孩子的“破坏”行为便产生了。这些“破坏”行为是他们好奇心大长并尝试以他自己的方式来探究环境奥秘的体现。

♡ 专家支招

既然如此，打压孩子的“搞破坏”行为可能是逆其成长需求而动的方式，那我们不如放手，允许孩子在我们能接受的范围内以类似的方式去探索世界。

对于爱“搞破坏”的孩子，我们该怎么办呢?

（1）给孩子一片“破坏”的天空

对于孩子的“破坏”行为，我们不要冲他发火，否则就会将孩子的探索欲扼杀在摇篮之中。这时我们应该给孩子提供一片自由“破坏”的天空，让他们去淘气。

如果孩子对一些物品好奇，我们不妨和孩子一起“拆”个究竟，让孩子看看这些物品的内部构造，并告诉他们物品的工作原理等。例如，闹钟为什么会定时，手电筒为什么会发光，等等。通过拆开观察，孩子就会了解更多的知识。

此外，我们还要鼓励孩子以不同的方式拆解玩具，这对拓展他们的思维很有好处，尤其是对他们创新能力、想象力的培养有着重要意义。当然，在玩具被拆解、破坏之后，我们要再引导孩子拼回去，或者利用拆卸下来的部件拼装出新的玩具。这样一来，孩子的破坏行为就会转化成一个促进他创新发展的契机。

（2）接纳孩子因“搞破坏”而犯的错误

有时候孩子“搞破坏”可能超过了我们的忍受程度，但我们还是要保持耐心。我们应该给予孩子改过的机会，这样他们才能在改过的过程中领悟到道理，从而达到进步的效果。其实相对来说，孩子调皮捣蛋的行为中也蕴含着积极向上的因素，如好玩、好动、好问是探索求知的表现，不听话也反证孩子有主见，好争斗则体现出孩子有进取心，等等。所以，我们应对孩子讲清道理，鼓励他们进取和创造。

（3）多为孩子提供获取知识的途径

孩子的搞破坏行为是出于好奇，是因为他们有探索的欲望。我们可以给孩子买一些介绍这些知识的图书、仿真模型等，或者周末带孩子去科技馆等地方进行参观，让他们通过这些媒介获得更多的科学知识。

开始使用一些工具——心智和精细动作协同发展

随着年龄的增长，孩子的智力和身体发育越来越完善。过了3岁之后，孩子对走路、站立、跑步、跳跃等大运动已经掌握得趋于成熟。自己的身体具备了高度支配能力，这使得他们不再满足于大运动带来的快感，开始尝试一些精细动作。

运动学专家指出，精细动作可以促进孩子大脑的发育。精细动作越好的孩子，智力发育也越好。我们平时可以借助一些工具来锻炼孩子的手部、脚部、口腔等细小动作，以促进孩子的智力发育。同时，我们还要多为孩子创造机会。

♡ 敏感期表现

星星3岁之后开始进入了一个神奇的阶段，就是“能动手的绝不吵吵”。别误会，这并不是说星星是暴力男孩，而是他开始越来越享受自己动手的乐趣了。

最近，星星妈妈发现星星迷恋上了剪纸。为了让星星注意安全，妈妈特意买了安全剪刀。这样星星更加衷情于剪纸了。有时从幼儿园里回来在自己的房间里一剪就是1小时；有时会兴奋地从屋里冲出来，向妈妈展示他的作品。尽管作品还有些粗糙，但是妈妈已经很惊讶了——星星的小手居然可以剪纸了，这在以前是不可想象的！

妈妈询问孩子是怎么学会剪纸的，星星告诉妈妈幼儿园老师这几天正在教。说着，自己又回到屋里去剪纸了。慢慢地，妈妈发现星星的剪纸作品越来越精致了，星星的小手也变得越来越巧了。

育儿心经

精细动作看上去虽然很小，却能促进孩子大脑的发育。

作为儿童智能的重要组成之一，精细动作反映了孩子神经系统发育状态是否良好。手脑关联性极强、手部动作好的孩子，大脑皮层更加活络，智力提升更快。因为手的动作连接着大脑，会刺激大脑发育，而大脑反过来又会支配手的动作使之更加熟练，这就像两个互相帮忙的老朋友。

很多父母认为孩子长大一些才可以练习掌握一些高级的认知活动，其实任何高级认知活动都是以精细运动为基础的，所以父母应及早锻炼孩子的精细运动能力。

孩子的精细动作通常是从借助一些工具开始的。比如会用剪刀，会搭建积木，会用画笔……当孩子开始使用一些工具时，说明他们的精细动作正在步入一个敏感期。

在人类的进化史中，我们可以了解到工具在其中起到的关键作用，每一次生产力的大跃进都是对工具的改良。作为父母，我们也深刻了解工具对于人类社会的重要性。但是在亲子教育中，更多的父母却因为要保护孩子，而禁止他们使用某些工具。这种缺失，给孩子的成长造成了很大的、隐性的、间接的不良影响。

因此，我们应该反思，不应该让孩子远离工具，而应该让孩子掌握更多工具的使用。

♡ 专家支招

3岁左右是孩子动手能力开始萌芽的敏感期。这个时期孩子的肌肉控制能力正在不断增强，这是掌握很多精细手指运动的基础。在这个敏感期，我们应该充分鼓励孩子多运动，让他们多接触一些工具和玩具，多进行精细化游戏，使得他们的肢体动作正确、熟练。

（1）通过一些工具来帮助孩子提高精细动作

孩子到了3岁左右，刚开始时只能用整个拳头去拿东西。可是过了一段时间后，我们会发现他们可以用大拇指和食指去拿很细小的东西，如用手去捏地上的小树枝、捡小纸片等。孩子的这种动作变化是与大脑层运动神经的发展相一致的。再过一段时间，我们会发现他们已经会使用一些工具了。比如说，他们能够用画笔画方形、圆形，或用蜡笔涂鸦了；有的孩子甚至还会折纸，会用剪刀沿线剪直条，动作逐步精细化了。

平时我们可以让孩子多接触一些工具。我们平时用的工具的种类很多：有些是日常使用的工具，如文具、生活用品等；有些是特殊活动使用的工具，如剪刀、锯子、铲子、锤子、刀子等。日常使用的工具，父母都会在培养孩子习惯的同时让孩子去掌握，而一些特殊工具，大部分父母还是会限制孩子使用，如带有危险性的刀子、锯子等。

但孩子的成长需要对一些特殊工具进行探索和掌握，特殊工具的使用会让孩子发挥更多的想象力和创造力。同时，在心理发展上，也能让孩子更加自信、坚强。因此，在让孩子掌握这些工具时，我们做父母的首先要端正认知，并且陪伴孩子一起度过初期对工具的认识和掌握阶段。

（2）与孩子一起玩游戏来提高孩子的整体运动能力

我们还可以通过游戏来帮助孩子提高精细动作的能力。

在与孩子一起玩时，我们不用刻意去考虑哪个游戏是锻炼精细动作的，哪个游戏能提高大运动，只要将全部身心投入与孩子的游戏之中，陪孩子一起玩得开心就好，孩子在玩游戏时他的运动技能自然能够提高。

比如说，我们可以和孩子一起搭积木，将一块积木递给孩子，孩子用手接住积木的过程其实就是一个精细动作；孩子将手中的积木放在其他积木上，这又是一个大运动的结果；当孩子再构思新的搭建方法时，又会生出很多的精细动作。整个锻炼过程是自然而然的。

单脚跳或翻跟斗——大运动能力又上一台阶

大运动能力，一般指大的运动，通常会用到手臂、腿、脚，或整个身体，比如我们熟悉的跑步、跳高和投掷都需要使用大肌肉，这些都属于粗大运动能力。它是通常在婴儿和童年早期，需要发展的基础运动技能，比如一般从孩子2岁左右就开始拥有站立、行走、爬行等技能。到了3～4岁，孩子可以进行单脚跳了；到了4～5岁，孩子可以进行快速单脚跳或翻跟斗。这表明他们的大运动能力又上了一个新台阶，这时我们需要开发孩子更大的大运动能力。

♡ 敏感期表现

萌萌不到1岁的时候就会走路了，这让妈妈很开心。之后在2岁左右，萌萌总是在小区里跑来跑去，她的整体大运动能力可以说是非常好了。可是妈妈一直为她担心，因为她感觉孩子的平衡能力差一些。

萌萌妈妈有时候故意让孩子进行单脚跳，可孩子总是摔倒。妈妈找过一些运动专家咨询过，得到的结果是孩子还小。妈妈并没有得到满意的答案，开始为之焦虑。

萌萌到了3岁左右，突然有一天，萌萌妈妈发现孩子可以进行无意识的单脚跳了，这让妈妈终于放下心来——看来自己的担心是多余的。到了4岁左右，萌萌可以进行远距离的单脚跳了，而且在幼儿园里还学会了翻跟斗。

♡ 育儿心经

3～6岁是孩子的动作敏感期，这时的孩子应该先获取广泛的基本技能基础，之后才有可能发展到更高层级的动作技能。其中，大运动能力的发展水平与孩子的体质健康、认知发展、行为表现和人际交往存在正相关关系。

家长在培养孩子的粗大运动能力时，应该从以下五个方面入手。

序号	大运动能力	作用	锻炼方法
1	肌肉力量	加强肌肉力量的培养，对孩子的身体形态发育有直接影响。同时也会促进孩子的血液循环，提高身体各脏器官功能	可以采用较小的负荷强度和较多的重复次数，在练习上要采取多样化、游戏化的方式，以提高孩子的运动兴趣和运动积极性。例如，我们可以进行掷沙袋、跳格子、跳箱子、倒立等运动
2	平衡能力	可帮助孩子的神经系统、视觉系统、本体感觉系统的同步发育，还可以促进孩子的智力发展	可以让孩子练习单脚站立、走平衡木，以保持身体的稳定性
3	协调能力	可以提升孩子的大脑皮层神经系统兴奋与抑制转换的灵活性、力量素质、柔韧素质和节奏感	可以进行平衡木、乒乓球拍持球走路、扔球入圈（手眼协调）、在规定的范围内画曲线（手眼协调）等运动
4	柔韧	适当、规律的柔韧性训练可以改善孩子肌肉组织与神经系统的协调性，增强肌肉弹性，增加肌腱和韧带的韧性，防止日常活动的意外损伤和运动损伤	可以让孩子进行压腿、踢腿、前滚翻、后滚翻等运动
5	反应能力	反应能力的训练可以帮助孩子神经系统的发育	可以让孩子进行接球游戏、拍球游戏等

在大运动发育上，有的家长会把大运动发育和感觉统合混为一谈，还有些家长认为感觉统合训练是基础。事实上，大运动先于感觉统合训练，先于所有能力的发展，是其他一切能力的基础。

事实上，感觉统合是统合人体所有感官所接收的外部信息，让这些信息在大脑中进行综合分析，指挥人体协调运动。而人体感觉器官的发展需要粗大运动发展的配合。也就是说，我们的大脑要想正确指挥四肢做出相应的动作，必须得到感觉器官（眼、耳、鼻、舌、皮肤等）输入不变形的正确的信号。

试想，如果一个孩子由于大运动发展的迟缓不能以正确姿势站、立、坐、爬行……那么他们的感官所接收的信息肯定和正常发育的孩子是不一样的。这种不同造成了大脑对外部的误判，从而导致各方面能力发展的滞后。

因此，大运动才是重中之重，是感觉统合及其他一切能力的基础。当孩子的大运动能力提升到一个新台阶时，我们应该更加加强培养孩子的大运动能力。

♡ 专家支招

在进行大运动能力培养时，家长应该做到：

（1）根据孩子的实际情况，设定专项培养计划

有的3～6岁的孩子，走不平的路经常会跌倒，这多是因为缺少平衡能力。平时我们可以多让孩子进行单腿站立低头捡球运动。方法很简单，先单腿站立，然后低头捡球后，再直起身，反复进行。在这个过程中，让孩子尽量保持身体不摇晃。

有的孩子节奏感不好，这时可以让孩子进行拍球活动。方法也很简单，先拍球，然后让球在地上弹两次，再拿起来；再弹两次，再拿起来，重复这个节奏。这个方法可以让孩子的身体机能和协调能力得到很好的锻炼。

每个孩子都有自己的特点，也有自己的不足，我们应该根据孩子的实际情况进行有针对性的训练和培养，这样我们的孩子才会健康发展。

（2）正确积极地引导，提供更有效的建议

促进孩子的大运动能力发育，是离不开家长引导的。当然，让孩子自己去尝试也可以，但容易让孩子长时间停留在舒适区，缺少向上蹦一蹦、触摸“挑战区”的动力。举例来说，有的孩子在进行攀爬运动时，如果面对的是新的事物，就会害怕，不敢爬，手脚不能协调运用。这时我们可以适当引导，一方面安抚孩子不要紧张，另一方面教会孩子技巧。

在技巧方面，我们可以给孩子提供一些实质性的建议。例如，我们可以右脚先向旁移动，左脚再跟着身体动，手先抓紧上面的物体，转个身再试试，等等。这样的引导，可以让自己和孩子融入游戏中，建立更为紧密的亲子关系，对孩子粗大动作的培养是十分有利的。

能行走 1 千米左右——运动能力增强

孩子到了3～4岁时，运动能力增强，尤其是力量和耐力方面。我们经常会发现孩子可以和我们一起散步了，而且能走1千米左右，尽管中途需要休息，但这表明孩子的运动能力在不断增强。家长应该抓住这个机会，帮助孩子持续提高运动能力。

敏感期表现

阳阳今年3岁了，阳阳妈妈将孩子送到离家不远的幼儿园。阳阳的适应能力很强，几天后就与小伙伴们成了朋友。

因为离家比较近，最初放学时阳阳妈妈都会步行接孩子回家。刚开始阳阳并不接受，每次都吵着妈妈开车来接，或者让妈妈把他的滑板车带来，自己好骑着滑板车回家。

最近，阳阳妈妈发现阳阳再也不吵着开车接了，而且不拿滑板车也可以了。每次放学后，他会和妈妈一起走回家（尽管中途可能会休息一会儿），而且每次在路上玩得都非常开心。阳阳开始享受在路上的这段时间了。

育儿心经

一般来说，孩子的步行能力大体上3岁就已经具备了，这时他们的运动神经很发达，全身也已经保持很好的平衡，各种运动组织也能自由活动，能胜任一些稍难的大动作和精细动作。

在大动作上，他们不仅可以行走1千米了，而且能连续单脚跳；还能单手向前投掷沙包，能用双手抓单杠悬空吊起。在精细动作上，他们能用笔涂涂画画，能熟练用勺子吃饭，有的孩子甚至能用剪刀了。所以，这个时候是把孩子送入幼儿园的最佳时机。

这个时候孩子进入了一个行走敏感期，很多爸爸妈妈也迎来了最累的阶段。孩子不会走路的时候，会拉着我们到处走；当孩子学会走路后，便整天跑来跑去。很多爸爸妈妈为了孩子安全着想，会整天在孩子后面跟着；更有的爸爸妈妈为图省事，干脆选择抱着孩子或把他们放进婴儿车里，这样不仅阻碍了孩子运动能力的发展，也阻碍了孩子走向独立的脚步。

一旦孩子学会走路，学会更多的运动，他们对世界的认知活动就有了更多的自主性，同时孩子的活动范围大大增加。这时我们就要理解并尊重孩子积极探索的愿望，这样我们的孩子才会长大，才会更健康。

专家支招

当我们发现孩子的运动能力不断增强时，就要着重开始培养了。在这个阶段，我们应该这样做：

（1）为孩子选择合适的运动

平时我们要为孩子开展丰富多样、适合他们年龄特点的各种身体活动，如走、跑、跳、攀、爬等。很多孩子刚开始可能会坚持不下来，这是正常现象，这就需要我们鼓励孩子多坚持、不怕累。在平时的生活中，我们也要鼓励孩子多走路、少坐车，自己上下楼梯，自己背包，自己扔垃圾，等等。

（2）多锻炼孩子的协调能力

3～4岁孩子协调能力的训练对于日后其脑部能力的开发以及运动潜能的发掘具有非常重要的作用。我们可以利用生活中的一些小活动或者是游戏，来训练孩子手脚的协调能力。

3～4岁孩子的运动能力已经很强了，他们逐渐可以走、跑、跳、站、蹲、坐、摸、爬、滚、登高、跳下、越过障碍物……我们可以让孩子多玩秋千、跷跷板和滑梯，这些运动能提高孩子的自信心；多让孩子玩跳房子游戏、单脚跳；我们也可以牵着孩子的手让他单脚换着跳，以练习他的跳跃能力。

（3）动作训练要符合孩子的成长规律

很多孩子到了3岁以后已经有了初步的认识能力，这时很多父母会对孩子进行动作训练，但在实际过程中却缺乏足够的耐性，他们总是希望孩子能做一些超越他们年龄阶段的事，这样的结果只会对孩子造成伤害。

在孩子的动作敏感期内，我们应该看到孩子是有能力的个体，他们会遵循自然成长法则，不断地通过动作练习获得各种能力。孩子是天生的学习者，我们要多鼓励孩子去探索、勇敢尝试。当孩子释放出自己的天性时，成长也就成为自然而然的事情了。

带孩子开展不同的室内外运动

运动不仅有利于孩子身体健康的发育，对孩子的脑部智力发展也尤为重要。但运动能力是不能给予的，需要孩子习得。孩子具有与生俱来的生命能力，我们需要尊重孩子的身体发展规律，给孩子提供合适的运动环境；我们需要在孩子的运动敏感期，让孩子多参加运动，这样更加有利于孩子大脑的发育，还能激发孩子对学习的兴趣。

很多欧美国家多年的研究和实践表明，孩子早期参与体育运动，尤其是运动选择得当，不但能强身健体，更能锻炼孩子的智商。

因此，为了孩子的身体健康，为了孩子更聪明，我们应该带孩子多出去运动。当然，选择什么样的运动有利于孩子，要根据孩子的年龄特点来决定。

一般来说，孩子到了3岁，小脑发育水平已经很高了，可以维持身体的平衡和动作的准确性，所以我们可以带孩子进行一些室内外运动。

室外运动	攀爬类	可以带孩子进行玩绳网、过吊桥、滑滑梯等运动	可以练习孩子的身体平衡能力
	奔跑类	和孩子一起玩老鹰捉小鸡、躲猫猫等游戏	可以锻炼孩子的身体灵活性
	各种球类	足球、篮球、排球等运动都可以。除扔球、踢球之外，还可以尝试把球轻抛给孩子，让孩子尝试抓住它	可以锻炼孩子的心肺功能和协调能力
	障碍游戏类	可以带孩子进行走独木桥、翻滚、躲闪之类的障碍游戏活动	可以促进孩子身体的协调性和平衡能力
	控制身体类	“一二三”木头人等跑停练习，最好找几个弯道和孩子一起进行转弯练习	可以帮助孩子很好地控制身体
室内运动	爬行类	可以在家里和孩子一起模仿小动物（如蛇、毛毛虫等）的动作	可以促进孩子上下肢协调性发育
	匍匐类	可以和孩子一起比赛匍匐爬行	可以锻炼孩子的平衡能力和协调性
	走步类	经常带孩子上楼梯、走路等	可以锻炼孩子的大动作能力
	室内障碍类	可以在家里，用家具、枕头、棉被等物品来创造让孩子通关的环境	可以锻炼孩子双脚跳的能力，但要注意安全
	蹦床类	找一个有蹦床的室内游戏场所，或自己买一个小型蹦床，让孩子尽情蹦起来	可以锻炼孩子的协调性和爆发力

很多运动专家建议，6岁前的孩子每天最好累积60分钟的中高强度运动，每周至少进行150分钟。这其中包括了结构化（体能运动课程）和非结构化的活动（孩子之间的游戏和玩耍、亲子活动）。最后提醒爸爸妈妈们，不管孩子进行哪种运动，都不要过量。

第9章

数学敏感期提升孩子的数理逻辑智慧

为什么有的孩子从小就对数学感兴趣，好像自带天赋，而有的孩子总是谈“数”色变，害怕数学呢？原因在于，害怕数学的孩子有可能在数学敏感期内没有获得很好的教育。当孩子开始对数、数字、数量关系、排列顺序以及数的运算突然产生兴趣，并对其中的种种变化有着强烈的求知欲时，就表示孩子的数学敏感期到了。蒙台梭利认为2～6岁是孩子一生中最重要的数学敏感期。尤其是4岁以后，孩子的数学敏感期更为突出。此时父母需要认真对待，循序渐进激发孩子学习数学的兴趣。

数学成绩好的孩子，逻辑思维能力强

很多人觉得孩子的数学成绩好就表示孩子特别聪明。其实这种说法是片面的，因为我们永远不能比较爱因斯坦和莎士比亚哪个更聪明。一般来说，数学成绩好的孩子往往思维能力比较强，善于独立思考，能抓住事物的规律性，给人的感觉是“这个孩子脑瓜灵”。

作为一种逻辑思维能力，数学也是生活中使用最多的能力，而现代家庭很多孩子却恰恰缺乏这种能力。逻辑讲求思维从准确的概念理解入手，遵循正确的判断和推理的方法，用全面、系统的观点更理性、有效地解决实际生活中的问题。现在很多孩子的数学成绩不好，与他们的数学逻辑思维能力差有很大的关系。

数学逻辑思维能力是孩子学会数学的基础智力。尽管人类天生就具有一定的计算能力，但是对于一个天资聪颖的孩子来说，如果在数学敏感期得不到理想的后天教育，他也是很难成为有用之才的。

父母应该如何培养处于数学敏感期孩子的数学逻辑思维能力，激发他对数学的兴趣呢?

改变自己对数学的理解观念

要培养孩子的数学逻辑思维能力首先要改变自己的观念。很多爸爸妈妈觉得孩子“加减乘除”学得好，就代表他们的数学也会学得好。事实上，会再多的加减乘除也不代表孩子的数学好，也不能代表将来孩子的数学好。

“加减乘除”这些简单的数字运算只是数学学习中非常小的一部分，而要想学好数学，培养数学逻辑思维能力才是最重要的。

在培养孩子的数学逻辑思维能力时，我们可以像做游戏一样带孩子进行分类、比较、匹配、排序，教孩子进行简单的概括和推理。比如说，我们可以先从孩子认知的人或事入手，如“爸爸34岁，妈妈32岁，爸爸和妈妈一共多少岁”等。

生活中处处都需要数学思维，只要我们多观察周围，多动脑筋，就可以随时随地训练孩子的数学逻辑思维能力。

发现敏感期表现，有针对性地培养

孩子到了数学敏感期会对数学产生迷恋。比如说，有的孩子最初仅仅把数字当成一种符号式的玩具，并没有更多的认识；而到了4岁左右，他会对数数、简单的加减法特别感兴趣；到了6岁左右，他又会对分类组合产生兴趣，并能够判断事物的类别，能准确完成简单的加减法计算。这个时候，我们就要多观察、多留心，及时发现孩子在数学敏感期的表现，再有针对性地对孩子进行开发教育。

在生活中多培养孩子的“数感”

数学中有一个很重要的词，即“数感”。数感是一个人对数与运算的一般理解。这样说很多爸爸妈妈可能难以理解，我们举一个例子。

办公桌上有一个空盒子，还有一堆花生，有人就会有意识地对这两者进行比较：“这堆花生装在盒子里能不能装下？能不能装满？”这其实就是数感在起作用。

培养孩子的“数感”需要爸爸妈妈有耐心，少批评孩子，多鼓励和指导孩子。比如说，有的孩子经常会把加法运算当作减法来做，多数可能是因为孩子没有完全理解加和减的意义，混淆概念造成失误。这时我们最好借助身边的事物给孩子讲解加、减各代表什么。这其实就是在培养孩子的数感。

动手操作是孩子最愿意的一种方式

动手操作是孩子进行数学思维的重要方式。有这样一位妈妈介绍自己家的孩子："我的孩子5岁多了，数学可以从1数到1000，在一些早教课堂上，他可以用教具做千位数的加减乘除法，但是一回到家里一个简单的8+9都不会算，必须给他实物操作才行……"其实很多爸爸妈妈都会有这个感觉，这是因为孩子在动手操作上更灵活。

数学知识本身就有高度的抽象性和概括性，你想让一个三四岁的孩子规规矩矩地坐下来听你讲是非常困难的。因此，我们家长应利用孩子好奇、好动的心理，指导他们在动手操作活动中接触与数学有关的知识内容，以激发他们的学习兴趣。在日常生活中，我们要善于结合各种生活小事，抓住时机对孩子进行适当教育。

让孩子觉得学习就是游戏

心理学家发现，一个孩子对数学是喜欢还是厌恶，大多数是在他们的幼儿阶段形成的。因此，我们在培养孩子的数学逻辑能力时，一定不要给孩子任何的压力，要让孩子觉得学习就是一场游戏。

学习就是游戏，游戏就是学习。只有这样才能培养出孩子对数学的兴趣。一般来说，3~6岁的孩子对于数学、图形、规律、生活常识等已经有了一个大致的认识，这时我们可以通过绘画、猜谜语、讲故事等方式提高孩子的学习兴趣，从而培养他们的数学逻辑思维能力。

喜欢数各种可以数得出来的东西——对数字表达感兴趣

在数学敏感期，很多孩子总是喜欢问：这是几个，现在是几点，那里有几个人……这是因为孩子对数量、数字产生了浓厚的兴趣；还有的孩子对数字表达非常感兴趣，他们喜欢数各种可以数得出来的东西……父母应该抓住孩子的这个特殊敏感期，积极培养孩子对数学的兴趣，为孩子将来打好坚实的数学基础。

敏感期表现

涵涵已经3岁了，最近特别热衷于数数。

周末忙了整整一个上午，涵涵妈妈累得不想动，可这时涵涵却非要妈妈带他出去玩。妈妈只好说午饭后再带他出去。

吃过午饭后，涵涵妈妈和儿子商量：“儿子，妈妈今天有些累了，你能帮妈妈洗碗吗？”涵涵想了想，说：“妈妈，我帮你洗碗，但你一定要带我出去玩。”涵涵妈妈笑着说：“妈妈答应过你的，一定会去玩的。”

说完，涵涵妈妈回卧室休息去了。不一会儿，涵涵像发现了新大陆一样，跑到卧室对妈妈说：“妈妈，妈妈，我今天一共洗了8个碗和盘子……”

“我们吃饭时用的碗盘没有几个啊？你怎么洗了这么多？”妈妈有些迷惑。

“我们吃饭用一共是4个，橱柜里还有4个，我都洗了，一共洗了这么多。”涵涵还在兴奋地炫耀着自己的成绩。

妈妈到厨房一看，橱柜上的确放着8个湿漉漉的碗盘。妈妈本想责怪孩子把厨房弄得四处是水，但突然意识到孩子学会运用数字了。于是妈妈马上笑着表扬了孩子，并让孩子把这些碗盘放进橱柜里面。

涵涵虽然很累，但还是很愿意做这件事。于是他开始把碗盘一个个放进橱柜里，嘴里还一边数着“1，2，3…”。

♡ 育儿心经

一般来说，当孩子到了2岁以后，他们的大脑里就有了数字的概念。对于一个2岁左右的孩子，最简单而最直接的数的概念就是知道多与少、大与小的区分。到了2岁半至3岁左右，孩子会进入一个主动数数的敏感期，他们对数字的表达已经有了很深厚的兴趣。

在这个阶段，有的孩子可以通过感知和运动来把握客体的数量，但只具有对少量物体的初步的数概念。例如，1个足球、2个篮球、3个乒乓球，这还算不上真正具有数概念。此阶段是孩子计数能力发展的关键期，为此后真正进入数王国做准备。

到了3～4岁，很多孩子已经具有明确的计数能力，能指物数数，并说出事物的总量；有明显的对应、分类能力，比如说妈妈可以用说的方式，让孩子按照颜色、形状或性质分类；这个时期他们有比较明显的度量衡概念，如他们能区分胖瘦、高矮、轻重、长短等。

♡ 专家支招

在这个敏感期，爸爸妈妈应该重点培养孩子对数字更浓厚的兴趣，让孩子更迷恋数字。

（1）教孩子认识数字

平时我们可以利用一些生动的形象事物，来让孩子识别数字。例如，“1”像铅笔细又长，“2”像小鸭水上漂，“3”像耳朵听声音，“4”像小旗空中飘，“5”像秤钩儿来卖菜，“6”像豆芽咧嘴笑，“7”像镰刀割青草，“8”像麻花拧一遭，“9”像勺子能吃饭，“0”像鸡蛋做蛋糕。

（2）找数字游戏

生活中，我们可以为孩子提供一些数字卡片，让孩子从上面找数字；也可以寻找生活中常见的数字，如几路汽车、电话号码等。

（3）数字接龙游戏

这包括顺接数和倒接数，如大人数1、2、3，孩子接5、6、7；还可以倒着接，如大人数8、7、6，孩子接着数5、4、3。

（4）扑克接龙游戏

为孩子准备一副扑克，先让孩子把不同花色的扑克归类，然后根据大小顺序依次排列起来；也可以用扑克比大小，帮助孩子熟悉数字、理解数字。

关注抽象的符号——数理逻辑智能显现

符号是逻辑思维的基本工具，是方便孩子思考的工具，但要让孩子对它的意义产生深刻的理解和更牢固的记忆，就必须从生活中的需要产生，而不是我们硬性地灌输，然后让孩子通过死记硬背习得（虽然有的符号可以在死记硬背后又在生活中理解）。

我们要知道，当孩子有了一定的抽象符号认知能力和兴趣时，一切都是自然而然地开展，我们只需要适当地激发和引导一下即可。

♡ 敏感期表现

豆豆刚刚1岁多的时候，妈妈试着拿出识字卡，让孩子指认数字。虽然孩子开心地拿起图片，但是他只对上面五颜六色的图案感兴趣，对上面的数字根本没兴趣。于是妈妈不再用上面的数字故意引导孩子了。因为在豆豆妈妈看来，孩子还没到那个时期，到什么时期做什么事吧！

豆豆到了5岁左右，开始成了一个“小车迷”，喜欢各种车的图案，喜欢各种车的标识。可是刚开始孩子对车的标识记得不清，豆豆妈妈也没有硬性地灌输，只是随口就会告诉孩子一下。豆豆根本也记不住，过一会儿就忘了。

但是没过几天，豆豆妈妈发现孩子大概是有了一点记忆抽象符号的感觉，再加上对车产生了浓厚的兴趣。豆豆每看到一个车标时，便会主动来追问妈妈这是什么。每次妈妈讲过一遍后，他都能记住很长一段时间。没过多久，豆豆便把妈妈教过的所有车标都记住了。

♡ 育儿心经

通过案例我们可以看出，孩子的抽象符号认知能力不是硬性灌输的，兴趣才是孩子最好的老师。

在认知车标的过程中，我们能看到豆豆主动学习的兴趣和主动思考力。刚开始豆豆对抽象的符号代表一定的含义并不完全了解，所以他根本记不住。后来，在妈妈的熏陶下，豆豆有了自己的思考，通过自己的思考领悟到了抽象符号的奥秘，便主动去记住这些符号。这里，我们看到了一个孩子主动学习的过程。

心理学家指出，孩子在5岁左右其抽象逻辑思维开始萌发。在这一时期具体形象思维达到高峰，例如，此时的孩子对10以内相邻两数比较的能力有所发展，他们能明白相邻两数之间有“多1”和“少1”的关系。但这时对两数关系的理解通常会借助实物并依靠于计数。

孩子在6岁左右开始依靠概念、判断、推理来进行思维。这一时期的孩子对数的概念认识也逐渐清晰。

♡ 专家支招

当我们发现孩子开始关注一些抽象符号时，说明孩子的数理逻辑智能开始显现。这时我们需要有针对性地对孩子进行培养。

（1）巧用操作材料，发展孩子的数理逻辑智能

数理逻辑思维是在活动中与物质材料相互作用产生的。因此，如果我们要进行家庭数学活动，选择的材料一定要考虑能引起孩子思维的积极性。在父母的引导和启发下，让孩子带着问题操作，让孩子能在自己的水平上学习探索。这样做，不仅可以快速提高孩子的能力，其主体性也能得到充分的发挥。

例如，蒙台梭利教具中的蒙氏感官长短棒，我们可以先给孩子3根长棒，然后让他帮忙排排队，这是长短排序。孩子可能会横排或者竖排，我们不要急于去纠正。孩子会排列，说明他对于长棒的长短序列已经有了一定的判断能力，只是不知道正确排列。这时妈妈可以和孩子采用不同的排列形式。在排列过程中，妈妈可以用拟人化的方式来告诉孩子。例如，如果是竖着排，是高矮顺序，妈妈可以这样说："这个大个子长得好高呀！哈哈，这个小不点儿太矮了吧？你就排在最后面吧！"如果是横着排，是长短顺序，妈妈还可以用拟人化的方式指导孩子。接下来，妈妈可以再加2根，让孩子自己来排列。

像这种操作的材料都是通过孩子的各种感知觉来达到的。这样的操作可以提高孩子的各种感知觉，也可以提高孩子对数学的兴趣及认知，同时又在活动中发展了孩子的数学逻辑思维。

（2）不要让孩子过早学习抽象知识

孩子天生就会对周围的世界充满好奇心，他会想尽办法去发现和探索周围的事物。如果孩子还没有对真实世界具备足够的观察和体验，过早地让他们学习抽象知识，会把孩子的注意力人为地转向对抽象符号的关注，从而丧失很多在真实世界中的体验和思考。这是得不偿失的。

相反，如果孩子经过对实物的充分体验后，他们会自然而然地上升到对符号和抽象思维的理解和认知。他们能够结合身边的实际去展开学习，这样他们的学习兴趣会非常高，效果也会非常好。

运算越来越好玩了——对数字运算产生兴趣

当孩子到了5~6岁时，他们已经掌握了数学概念，并开始对数字运算产生了浓厚的兴趣。这个时期可以说是孩子数字运算能力发展的最佳期，也是他们综合能力开始形成的关键期。这个时期的孩子学习加减法速度很快。父母可以利用日常生活中的各种机会，培养孩子对数字的运算能力。

♡ 敏感期表现

最近，童童妈妈发现5岁的童童对数字越来越敏感了。每天去幼儿园的路上，童童都会告诉妈妈道路的左边一共有几棵树，道路的右边有几棵树；他还会告诉妈妈一路上经过了几个垃圾箱……总之，他的小脑袋里装满了各种数字。

有一天，母子两人去幼儿园。童童一边走一边告诉妈妈道路左边有8棵树，道路右边有9棵树。这时童童妈妈随口问了一句：“童童，那你知道一共有多少树吗？”

童童没有意识到妈妈会这么问，站在原地想了想：“一共是17棵。”童童妈妈高兴地表扬儿子计算得又快又正确。

就这样，母子俩在放学的路上又有了一个新的游戏，就是数字运算。妈妈负责出题，儿子说答案。尽管有时候妈妈出的题有些难，但童童还是很喜欢这样的游戏……

♡ 育儿心经

一般来说，孩子到了5岁就会10以内的数字运算了，有的孩子甚至能计算10以上的加减法了。这个时期是孩子数字运算的敏感期。

在这个时期，孩子完成了对数字、数名、数量的认识。同时，孩子基数概念、序数概念和计数能力都有不同程度的拓展，形成了比较稳定的数概念，并具有初步的数字加减运算能力。

在这个时期，孩子加减运算可分为三种水平，即实物加减、形象加减、依据数的组成加减。一般来说，幼儿只能达到前两种水平。比如说，对于5岁以下的孩子，加减运算的“数字要小于10，和也要小于10”，减法运算也是“从一个数中减去1或2”。之后孩子的运算能力会随着不断的训练逐步提高。

专家支招

为了提高孩子的数学兴趣，平时家长应该适当培养孩子的数字运算能力，可以这样做：

（1）在学习内容上

1）可以让孩子学习10以内的数字书写、认读、计数和取物，能力强一点的孩子可以延伸到30以内的数字书写、快速顺数和倒数、计数与取物等。

2）10以内的单数、双数、相邻数、比较两数之间的关系，能力强的孩子可以延伸到30以内相邻数、学习50以内的单数和双数。

3）可以陪孩子一起进行10以内的组成和加减法，能力强的孩子可以延伸到20以内的组成和加减运算。

（2）在学习方式上

让孩子在“玩中学，学中玩”。例如，我们可以运用具体实物（如积木、纸牌等来进行演示）教孩子加减法。又如，我们和孩子一起去超市买东西，和孩子一起看商品标价，和孩子算一算，买两件要多少钱，买三件要多少钱。不管怎样算，总金额不要超过孩子的运算能力范围。

会借助外部工具——将数学与生活联系起来

很多父母简单地认为，将来孩子长大了，让他们整天泡在题海里，自然而然就成才了。事实上，这种想法是不正确的，也是危险的。与其让孩子挣扎在题海中，倒不如放开孩子的手脚，让孩子真真切切地去感受日常生活中数字带给他们的快乐，然后在快乐中有针对性地培养孩子的数学逻辑思维能力。

生活中很多父母会问："什么时候培养孩子的数学逻辑思维能力？"其实，当孩子有了自己的行为能力时，我们就可以不断地培养他学习运用数学逻辑思维能力了。在生活中，只要父母稍稍用心，并善于借助外在的工具，就能帮助孩子开发数学逻辑思维能力。

敏感期表现

天天的妈妈是一个很聪明的妈妈，她懂得将数学与生活实际相联系，还善于借助外部工具来培养孩子的数学兴趣。

例如，天天妈妈带天天去超市购物。当天天想要吃苹果时，妈妈就会问孩子："天天，我们这次买几个苹果啊？""妈妈，我想多吃一些苹果，我要买10个。"天天开心地回答。"那如果我们买了10个苹果，你今天吃掉1个，还剩下几个呢？"天天妈妈适时提出了自己的问题，这时苹果就成了她借助的工具。

天天歪着头，掰着手指算了一下："妈妈，我吃了一个，还剩下9个。""好，天天答对了，今天我们就买10个苹果，但要记住晚上只吃一个哦，吃多了会对小肚肚不好的。""好的，妈妈！"

就这样，一道简单的数学题轻松就被妈妈和儿子解决了。在天天妈妈看来，外在事物都是发挥数学思维的工具，她借助这些工具，开发了儿子的数学潜能，而且儿子并没有觉得数学是件枯燥的事，反而觉得很有趣。

育儿心经

我们的孩子是否乐于学习数学，其内在的学习动机来源于他的兴趣和需要。因此，当孩子对某一数学问题感兴趣或有疑问时，就应该引导他主动学习，并有意识地创设问题情境引导他进行思考、猜想、实践等，激发他内在的学习动机，使他对数学更感兴趣。

我们知道，数学的产生和发展与实际生活是密不可分的，数学知识来源于生活实际，生活中处处都有数学。一般来说，5~6岁的孩子能发现生活中的很多问题都可以用数学的方法来解决，他们会从中体验解决问题的乐趣。

此外，生活中很多事物都可以成为学习数学的工具。我们都可以让孩子从中发现数学之美，并能活学活用。

♡ 专家支招

数学本身是源于生活的，是从感官上进行学习的。那么，我们该如何帮助孩子发现数学与现实生活的联系呢？

（1）生活中其实处处都有数学

例如，孩子在幼儿园里会学到一些配对，大的和大的配对，小的和小的配对；还有一些排列组合，从长到短，从大到小，等等。其实这些都是培养数学能力的途径。

再如，父母在带孩子的时候，也是一个学习的机会。比如说，去公园玩划船，可以让孩子数一数共有几只小船，船里有几个人；家里来了客人，吃饭的时候，让孩子数一数，然后分发筷子……从生活中，孩子就会不断去学习数学。

一般来说，孩子在5岁之前都是感官性地学习，过了5岁之后则是抽象地、文字性地学习。如果孩子在5岁前感官积累得越多，那么以后他的形象思维能力也就越强，学习能力也就越强。

（2）身边的事物是学习数学最好的工具

爸爸妈妈要学会在生活中激发孩子的数学意识，要让孩子认识到数学其实就在我们身边。例如，物品的大小、形状、数量，玩具的种类、大小，房屋的高矮、排列的规律，等等，这些都是学习数学最好的工具。

此外，孩子的手指是学习数学的好工具。孩子如果在回答问题时，还能掰一掰手指头，而不是用“心算”直接报出答案，家长应该感动。因为孩子是在认真地进行数学思维过程，而不是背答案出来。

把数学当成游戏，挖掘孩子的数学潜能

对于喜欢数学的孩子来说，数学就是他们打开智慧大门的钥匙。比如，德国著名数学家高斯小时候就特别喜欢数学。

高斯从小就有极高的数学天赋。在他3岁的时候，有一天他听见父亲正在算1周的工钱。高斯细心一听，就指出父亲算错了。父亲不相信儿子的话，又重新进行了计算，结果发现自己真的算错了。

这令高斯的父亲非常震惊。因为他从来就没有教过儿子算术，儿子竟然无师自通学会了，这怎能不令他惊喜万分？！高斯9岁那年，老师让同学们从1加到100，其他同学一个数字一个数字地加，而高斯却立刻说出了正确的答案。

尽管高斯小时候家里条件并不好，但这些并不能阻止他对数学的热爱。就这样，凭借着过人的数学天赋和刻苦学习，高斯最后成了举世闻名的数学家。

英国著名的数学家麦克斯韦是经典电磁理论的创始人，他对数学的热爱是通过绘画表现出来的。

小时候，一天父亲让小麦克斯韦画插满金菊的花瓶，他就在那里画起来。当麦克斯韦把自己的作品交给父亲时，父亲看后不由得笑了起来。原来，麦克斯韦画了满纸的几何图形——花瓶是梯形的，菊花是大大小小的圆圈，叶子则是许许多多的三角形。

通过这件事，父亲发现了儿子的数学天赋，并因势利导地对他进行教育。就这样，麦克斯韦与数学结下了不解之缘，最后成了著名的数学家。

高斯和麦克斯韦之所以取得了那么大的成就，不仅仅是因为他们的刻苦努力，更是因为他们对数学的痴迷和热爱，他们从没把数学当成一件无趣的事。相反，他们把数学当成一件非常有趣的事。

很多爸爸妈妈觉得自己的孩子没有高斯和麦克斯韦那样的天赋，只能让孩子在题海中泡着了。事实上，这样的结果适得其反——孩子不开心，不开心又怎么能学好数学呢？

其实，我们应该让孩子觉得数学不是学习，而是非常有趣的游戏。

一般来说，3～6岁的孩子对于数字、图形、规律、生活常识等已经有了一个大致的认识，我们可以通过玩算术游戏的方式来提高孩子的学习兴趣，从而提升他们的认知、观察、分析、比较与推理能力。

有人说，“游戏是孩子的世界通用语言”，也有人把游戏比喻为亲子沟通的“双向翻译机”。而数学游戏则能帮助孩子理解数学的奥秘。在学习中玩，在玩中学习，这是最好的教育方式。这种方式让抽象的数学概念变得更加生动、更加有意思。在数学游戏中处处隐藏着机智与挑战，游戏也能充分调动孩子的好奇心，让孩子在不知不觉中学习。

家长应该在生活中去寻找那些有意思、能帮助孩子学习的数学游戏，并和孩子一起进行游戏互动，从而让孩子深深地爱上数学。

第10章 生活能力的培养让孩子更优秀

一个优秀的人，一定是一个生活能力强的人。所以，对于孩子生活能力的培养，应该是父母必做的一项重要工作。3岁后，孩子的生活能力已开始发展起来，在这个时期要抓紧时间积极地引导孩子，培养他们良好的自理能力，为其长大后有条不紊地安排自己的生活，过得幸福美满，打下坚实的基础。

每一个优秀的人都是一个会生活的人

生活中，会生活、又成功、又优秀的人除了自身努力，和他的生活态度、生活能力也有很大的关系。可以说，每一个优秀的人都是一个会生活的人。

心理学研究表明，行为一旦变成习惯，就会转化为人的一种需要。再遇到同样情境的时候，无须外界提醒和监督，甚至不经过个人的大脑思考，就可以自然而然地产生相应的反应模式。如果小时候就有很好的生活习惯和生活能力，那么长大后，个人的生活一定不会差。

在孩子的成长过程中，幼儿阶段是可塑性最大的特定时期，也是好习惯养成的关键阶段。唯有用有效的方法培养引导孩子拥有良好的生活能力，才能成就他日后的优秀。

每一个孩子在来到这个世界之初，都如同一张白纸，当他们还没有能力进行自我塑造的时候，大人便是他们眼中最好的模范和导师。所以，家长要努力修炼养成良好的生活习惯，熏陶启发孩子。

想要让孩子养成早睡早起的生活习惯，家长自己就不要通宵上网、工作或者做其他事情，无论是工作日还是休息日都应该按时睡觉和起床。

想要让孩子爱整洁，讲卫生，家长就要先保持家中的整洁有序和卫生。

要想让孩子养成良好的读书习惯，家长自己首先要坚持每天读书看报。

……

在提醒下能按时睡觉、起床——生活习惯培养中

很多家庭中的小宝宝，都是想吃就吃，想睡就睡。很多家长也在抱怨孩子的作息没规律。到底是孩子的作息没有规律，还是家长没有予以培养？在孩子的生活能力处于萌芽阶段，有意识地培养孩子的作息规律，对于孩子养成良好的生活习惯有重要意义。

敏感期表现

小米今年4岁，已经上幼儿园一个学期了，放暑假之后，由于在家“放养”，姥姥带小米，使小米养成了吃饭没规律、睡觉没规律的习惯。马上要开学了，妈妈看到小米这样的情况，着实着急。可以说小米3岁多的时候，就能在大人的提醒下按时睡觉、起床了，现在4岁多了，反倒退步了。在咨询了老师后，小米妈妈准备抓住暑假的“尾巴”，培养孩子良好的作息习惯，让小米尽快适应幼儿园的生活。

育儿心经

孩子的生活习惯是可以培养的，很多家长不了解这个，总是按家里的条件和环境来配合孩子的生活习惯。可是当孩子一天天地长大，问题就出现了。比如该睡觉的时候不睡，不该睡的时候又要睡。尤其是马上上幼儿园的孩子，不规律的作息，会给他们的入园生活带来一些麻烦，也可能影响到他们入园的情绪以及在幼儿园的学习等。

所以家长应该有意识地培养孩子形成规律的生活习惯，特别是3岁之后，孩子的生活自理能力慢慢增强，培养孩子良好的生活习惯在此时进行，会事半功倍。

专家支招

现在很多孩子从一出生开始，就受到全家人无微不至的呵护，什么事情都不用自己做，哪怕是睡觉，大人也会抱着、拍着、哄着。这是不对的。

从孩子出生开始，家长就要有意识地培养孩子形成良好的睡眠习惯。

让孩子自己睡觉，即使他哭闹，家长也要坚持。时间久了，孩子就会养成良好的睡眠习惯。

（1）开始时比较棘手

很多家长喜欢把不想睡觉以至于哭闹的孩子抱在怀里边拍边走边哄睡，这种做法一旦养成，不仅会煎熬着大人，更不利于孩子自主性和独立性的养成。对于这样的孩子，最好的纠正办法就是让他哭，家长完全可以告诉孩子自己不能抱他，因为这样谁也睡不好，宝宝应该自己睡。有可能刚开始时，孩子哭闹的时间会长一些，但家长坚持住，宝宝也就明白了哭也没有用，还挺累，索性不哭了，乖乖睡觉舒服。家长不用担心，短短一周就可以让小宝宝习惯起来。只要第一次他自己入睡了，那么接下来就会越来越简单容易了。

（2）培养睡前好习惯

如果孩子的睡眠习惯已经初步养成，家长进而可以培养孩子养成良好的睡前习惯。例如，让孩子睡觉前洗澡，睡觉前听爸爸或妈妈讲故事，睡觉前和爸爸妈妈聊聊天，等等。

在帮助下自己穿脱衣服——自理能力越来越强

3岁之前，很多小宝宝自己不会穿脱衣服；3岁之后，孩子对穿脱衣服逐渐感兴趣起来。这也是孩子自我意识和自理能力萌发的初级阶段。家长应该在这个阶段培养孩子的自理能力，以便让孩子尽早实现“自己的事情自己做”。

♡ 敏感期表现

最近一段时间，乐乐特别喜欢自己解扣子，自己找衣服，自己穿衣服，但总是做不好。奶奶每次看到乐乐做这些事情的时候，就赶紧跑过去帮忙，要不帮他穿，要不帮他解……而这非但没有引来乐乐的好感，反而造成他又哭又闹，说奶奶不应该“帮忙”！妈妈把这一切都看在眼里。事后，她告诉老人说，孩子的自我服务意识增强，自理能力到了萌发期，这个时候，就不用帮孩子穿、脱衣服，在旁边指导就可以。

♡ 育儿心经

当孩子萌发了“自己的事情自己做”的意识和行动时，家长应该高兴，因为这说明孩子的心智又上了一个台阶。这时家长就要尊重孩子自己动手的权利，按捺住想替孩子做事的热情。否则，就会阻碍孩子的成长和能力的培养。

♡ 专家支招

家长可以和孩子玩穿、脱衣服的游戏。比如给布娃娃穿、脱衣服，告诉孩子先伸胳膊，再套袖，然后扣扣子；也可以告诉孩子先套头，再伸胳膊，再拉衣服；等等。然后过渡到让孩子自己给自己穿、脱衣服。除了训练孩子穿、脱衣服的能力，还可以训练孩子自己穿鞋、搭配衣服、整理衣服的能力。

自己控制大小便——生物控制能力增强

孩子一两岁，家长就应该训练他如厕。这样，孩子在上幼儿园前后，基本就学会独立如厕了。学会如厕是宝宝成长中的一个里程碑，这说明他的生物控制能力增强。

♡ 敏感期表现

糖果2岁半的时候还在用纸尿裤。后来天热，姥姥建议妈妈不给糖果用纸尿裤，而是穿着小内裤，引导糖果自己蹲蹲尿尿。刚开始，糖果做得并不是很好，多数时候会尿裤子。但是差不多10天后，孩子就已经会告诉家长她要尿尿了。

后来，糖果3岁零2个月入园，已经能够在老师的引导下，规律上厕所了。

再后来，糖果已经可以控制大小便了。比如爸爸开车带家人出去，糖果说要尿尿，爸爸告诉糖果："稍等一下，到了能停车的地方，你再尿尿好吧！"一般只要不是很长的时间，糖果都会忍到爸爸停车，下车尿尿。

不过，和糖果同龄的婷婷，在控制大小便方面稍有欠缺。虽然她已经知道要到卫生间大小便，但是，她的表现总是"阴晴不定"，在幼儿园经常尿湿裤子，这可能和婷婷是老人带，不太训练她如厕有关系。

♡ 育儿心经

如厕是孩子应该具备的基本生活技能，在幼儿的神经系统发育到能够控制大肠、膀胱和肛门组织之前，我们很难教会他使用便盆。如厕训练一般是在18～36个月的期间，而且女孩通常比男孩更早学会使用便盆。

每个家庭到了宝宝如厕训练的阶段，都会常听到爸爸妈妈不停询问，"要不要尿尿？"，"要不要拉臭臭？"，"不可以拉在地上！"。但接下来可能会听到责怪声："啊！怎么尿在地上！"

大多数孩子在3岁之后，应该是可以控制大小便了，但有的孩子的如厕能力并不令人满意，这就需要大人有意识地引导。

专家支招

一般来说，和宝宝生活在一起的大人，是很容易捕捉到宝宝发出的要便便的信息的。也可能孩子自己会说“尿尿”，或指着自己身体下面表达如厕的需求时，大人就可以准备着手宝宝的如厕训练。

（1）训练宝宝如厕

教宝宝学会上厕所，可以分以下步骤进行：

教宝宝学会表达想去尿尿或便便的意思。告诉他可以说出来，告诉爸爸、妈妈和老师：“我要尿尿，我要臭臭。”

教孩子认识如厕的场所，并在固定的时间带宝宝到马桶上如厕。

大人也可以亲自示范如何上厕所，告诉宝宝正确的脱、穿裤子的方法，以及冲水设备的使用方法。

教孩子脱裤子时，大人可以示范，双手大拇指伸入裤子的两侧，将裤子往下拉至膝盖。

如厕完要穿裤子，教宝宝用双手大拇指伸入内裤两侧，将裤子往上拉至腰部。

上完厕所要擦屁屁，开始时父母、老师可以代劳——让宝宝撅起屁股，方便大人给他清洁屁屁，但稍大一点时就要让宝宝学会自己清洁屁屁。

最后提醒宝宝上完厕所要洗手。

在如厕训练的过程中，大人首先要保持轻松的、没有压力的态度，训练才能顺利地进行。在训练中，要不时表扬宝宝的进步，不要批评孩子的小错误。每个孩子的成长发展都有快有慢，训练的时间长短也会不同，如果时机把握得当，一两个星期就可以轻松搞定。千万不要过于勉强孩子马上学会自行上厕所，尊重孩子的意愿，耐心引导并给予鼓励就好。

（2）男女宝宝如厕训练不同

当宝宝有了性别概念之后，男女宝宝的小便方式就有了很大的不同。

男宝宝：教他先学会坐，然后再站。由于大小便经常一起排出，所以一开始应该先让宝宝在大小便的时候都坐下，这样他就能明白两者都应该在便盆上完成。用这种方式，他就不会由于小便时可以到处溅的乐趣而分散注意力，并能学会在你需要他注意的时候集中注意力掌握基本程序。

女宝宝：女宝宝的训练主要由妈妈来完成，她们更喜欢使用便盆，特别是有可爱动物形状的便盆。妈妈在训练女宝宝小便的同时要教给她正确的擦拭方向，尤其是在大便后，一定要从前往后擦，以防尿路感染。

另外，对于年幼的孩子，不要给他穿太复杂的衣裤，省得孩子难以穿脱，使得大小便不能顺利进行，并且容易导致宝宝憋到再也不能憋的时候才告诉大人要排便。

接受健康饮食——明白健康的概念

在孩子长身体的时候，吃饭问题是家长们关心的焦点。3岁之前的孩子可以在大人的控制下不吃零食，规律饮食。3岁之后，当孩子的自主意识增强，活动圈子增大，认知能力增强，以及受周围小朋友的影响，对食物的选择就多会按自己的“胃口”进行。

所以很多家长觉得3岁之前还好控制孩子的饮食，3岁之后就不好控制了。其实不然，3岁之后，孩子的理解能力增强了，当给孩子灌输一些健康饮食概念时，他是听得懂的。如果大人训练得当，3岁之后的孩子是可以养成健康的饮食习惯的。

♡ 敏感期表现

师师妈妈是一位营养师，从小对于孩子的饮食控制得很严格。

师师3岁前除了水果、果干、自制的小零食，基本上没吃过其他市售的食品。

牛牛是师师家的邻居，是一个从小就乱吃乱喝的小朋友，虽然比师师大几个月，但是体质明显比师师差多了，又黑又瘦，总爱生病。师师妈每次看到牛牛吃零食，就会和牛牛的家人讲，不要给孩子吃零食。结果牛牛奶奶还不乐意，说："小孩子不吃长不大！再说也控制不住！看着别人动嘴，难道你家孩子就不馋吗？"师师妈对此很郁闷，还好师师在零食控制方面比较自律。

♡ 育儿心经

虽然，3岁之前的婴儿可以在大人人为的控制下不吃"垃圾食品"，"规律"地饮食，但是3岁之后，很多家长觉得头痛，因为"越大越控制不了了"。其实不然，孩子虽然年龄增长，见识广了，吃零食的自主机会也多了，但是孩子的认知能力增强，只要大人合理地引导，孩子还是可以认同健康饮食的。

♡ 专家支招

引导孩子健康饮食，需要大人做好以下事情：

（1）首先需要大人摆正观念

像案例中的牛牛奶奶说的，她不管孩子吃啥，只要孩子吃就行，吃了就能长身体。生活中，不少家长都有这样的心理。因为他们不懂得健康饮食的概念，所以给孩子吃的东西也是乱七八糟。要想孩子吃得健康，大人首先要端正饮食态度：

1）不要偏食、挑食，不要暴饮暴食。

2）不要吃市售的零食和饮料，零食的选择以天然、健康的饮食为准，如酸奶、牛奶、水果，以及自制的果干、蔬菜干、面点等。

（2）给孩子准备一把儿童餐椅

让孩子坐着餐椅和家人一起就餐。这样做可以让孩子明白自己是大家庭中的一员。另外，在餐桌上坐着吃饭也可以保证孩子饮食的兴趣、健康和安全，有利于孩子形成规律的饮食。

（3）不要勉强孩子进食

生活中，有不少家长常常苦恼孩子不吃饭，甚至担心孩子这样会造成身体发育不良。其实，经验告诉我们——小孩子不要多吃，他不想吃的时候，就不要勉强他吃。这是因为，孩子一顿两顿不吃饭，没什么大不了的。因为宝宝还不是那么饿，起码没有父母想象中的那么饿。不过也要注意，当孩子不吃饭的时候，也要控制他的零食：这一顿饭不吃可以，但下一顿饭之前，什么东西都不能给他吃。这样就能纠正孩子不吃饭光吃零食的毛病。

（4）讲道理

3岁之后，孩子是可以听得懂道理的。大人可以借助故事、视频，也可以借助书本知识等给孩子讲偏食、挑食、吃“垃圾食品”对人体的危害。久而久之，孩子是可以形成健康的饮食观念，拒绝不良饮食的。

我的小女儿在2岁零7个月左右时，有一段时间过敏，医生严格控制她吃零食。所以我一直要求她不要吃“垃圾食品”。当时2岁多的她记得特别清楚，不吃零食，即使很馋，也忍着。这说明孩子是听得懂健康饮食的道理的。

不要一味迁就和纵容孩子的不良饮食习惯，他如果不听话，以不吃饭抗议不给他吃“垃圾食品”，那么，饿他一两顿也无妨。但凡有过挨饿经历的孩子都会明白，吃饭是因为肚子饿，不吃饭就意味着挨饿，而吃饭是自己的事情，不是爸爸、妈妈的事情。这样一来，他最后是会向大人“投降”的。

能将玩具和书放回原处——理解生活规则+多种智能增强

3~6岁，是孩子理解生活规则和多种智能发展的阶段，引导孩子讲究生活的规则，培养做事的条理性，对孩子的成长有很重要的意义。

敏感期表现

吃过午饭，5岁的贝贝帮妈妈把餐具放在洗碗池里；玩完游戏后，小苗把玩具都收在盒子里；糖糖能在妈妈的指引下，把自己的小房间打扫干净。虽然孩子们刚开始做这些事情时，比较混乱，但是往后会越做越好。

♡ 育儿心经

孩子越大越知道做事情。对孩子来说，他们看父母每天做的事情，都很想尝试一下。这是因为好奇心驱使，也是自理能力发展到一定阶段的心理需求。所以家长要注意抓住孩子的这一特点，引导孩子理解生活规则，培养他们的生活能力。虽然孩子有可能在开始做的时候会失败，但是每一次失败也是经验的积累，所以面对孩子想帮忙，想自己做一些家务时，家长应该给他机会，放手让他做。

♡ 专家支招

（1）面对孩子做家务，家长不要怕失败

孩子由于生活经验不足，当他有想做家务的想法时，或者家长想要引导他做些力所能及的事情时，就要放手让他去做。即使他做得不好，家长也不要去帮忙。要知道，孩子在成长过程中难免需要试错，家长要允许和鼓励孩子去亲自尝试，在尝试中学会正确的做事方法，从而提高自我动手能力。

（2）对孩子多一些包容心

孩子小，有些事情做不好很正常，家长对孩子应该有包容心，并且要循循善诱，引导孩子明白他有什么错误，为什么犯错误，有哪些不好的后果，之后怎么改正。只有这样，孩子才能在不断地尝试中得到真正的成长。另外，孩子需要表扬，当他们积极做事情的时候，来自父母的肯定和赞扬能给孩子最直接的动力。

（3）培养孩子良好的生活秩序

无论是从美观还是舒适的角度看，井井有条和干净整洁都能让人精神愉悦。孩子的本性是无序的，在他们的生活意识里，一切都显得混杂无序。但幼儿时期是一个人形成良好秩序感的最佳时期，大多数的孩子是能够被训练并接受秩序规则的。如果家长能够认识到这一点，孩子必将受益终身。如在生活中，有意识地让孩子知道每一种物品都有它正确的摆放位置和方式，废纸废物不能凌乱地扔在地上，应该放进垃圾桶；玩过的玩具应该放回它本来存放的位置……如此反复训练，绝大部分孩子都能够建立秩序感的意识，形成好习惯。

当然，良好的生活技能，良好的规则意识形成，绝不是一朝一夕的事，大人需要努力持续地对孩子进行引导和训练。如此，才能更好地帮助孩子有序地生活，成为生活的小能手。

开始练习使用筷子——学习生活技巧兴趣盎然

用筷子夹食物是非常精细的动作，能够很好地发展宝宝的小肌肉动作能力。随着孩子独立意识的增强，宝宝能够独立做好一些日常生活中力所能及的事情。鼓励宝宝做一些和他密切相关的事情，能为他养成良好的生活习惯、拥有生活自理能力奠定基础。

敏感期表现

饭桌上，乔乔看大家都在用筷子吃饭，便要求妈妈给她筷子。妈妈随手递给她一双，可是她怎么也用不好，急得直哭。后来，同桌吃饭的小姑告诉妈妈："有一种训练幼儿使用的筷子，可以买一双回来给乔乔试试。"后来，妈妈给乔乔买了一双训练筷。在训练筷的帮助下，乔乔练习使用筷子，差不多2个月后，就可以有模有样地使用筷子了。

育儿心经

孩子长大到一定的程度就希望尝试更多的东西，而使用筷子，是他们很感兴趣的一项活动。不过，练习用筷子还是相当有难度的。所以父母要注意，在孩子萌发用筷子的想法时，一定要注意引导，呵护好孩子的积极性，给予适当的训练，以提升孩子的自理能力和生活技巧。

专家支招

大家知道手的运动是受大脑控制支配的，反之，锻炼运动手指也就能制激大脑，促进大脑的发育。别看用筷子这个看似简单的动作，实际上还有一定的难度和技巧。因此，让宝宝学用筷子，无论是对宝宝手部精细动作的锻炼，还是对大脑的发育都有相当的好处。

那么怎么训练孩子用筷子呢？最好的办法就是游戏：

妈妈示范用筷子的方法，让孩子模仿。一次不得要领，可以多教几次，也可以用训练筷帮忙。

另外，也可以将一些小物件放在碗里，让孩子练习用训练筷或者筷子反复地夹。如此，能够更快地提升孩子用筷子的本领。

让宝宝夹食物喂娃娃，这个游戏更有趣味性，妈妈可以说：“宝宝要当妈妈了，布娃娃饿了，宝宝要用筷子夹食物喂娃娃！这样布娃娃就不会饿肚肚了！”在这个游戏中，会激起孩子的责任心——她为了布娃娃不挨饿，会努力地用筷子夹食物。如此，能更有效地训练孩子用筷子。

向警察和相关人员介绍自己的情况——学习自我保护

3～6岁是一个需要大人向孩子灌输安全意识的阶段。在这个阶段，孩子弱小，易受到外界的伤害。同时，孩子的学习能力强，如果家长有意识地培养孩子形成自我保护的意识，孩子就能够有效地避免受到伤害。

♡ 敏感期表现

5岁的东东在和妈妈去超市购物的时候走散了。开始时他有些着急，但是他想到妈妈平时教他的——如果找不到妈妈，就要在原地等妈妈，不能乱走！如果看到有穿制服的人，最好向他们寻求帮助。于是，东东按妈妈说的方法，站在原地等妈妈。这个时候，他看见一个穿着制服，类似于保安或者警察一样的人（实际上是个军人，在超市里购物），东东随即上前求助，告诉叔叔他和妈妈走散了，他知道妈妈的电话和家里的地址，希望叔叔能够给他妈妈打个电话。听到这话，军人叔叔很快掏出电话，和东东妈妈取得了联系，东东和妈妈很快团聚了。

♡ 育儿心经

像东东这样，能够在和妈妈走散后，有条不紊地应对，并且能选择合适的人员进行求助，着实不容易。这和家长日常对孩子的安全教育分不开。

在孩子很小的时候，大人就需要对孩子进行安全教育。如果孩子在3岁之前，家长对他的安全教育没能开始，那么在孩子3岁之后，务必要对他进行自我保护能力的训练。这样当孩子遭遇意外情况时，才能够有效应对。

♡ 专家支招

我国每年有相当数量的儿童被拐卖或失踪，这其中只有很少一部分得到警方解救。很多丢失孩子的家长为找寻儿女倾家荡产，并常年遭受精神上的折磨。所以从小对孩子进行安全教育十分必要。

3岁之前，孩子的认知能力差，防拐意识薄弱，需要大人尽量保护好孩子。尽量做到：

不要让孩子离开自己的视线，尤其是在公共场所。

拒绝陌生人抱孩子。

不要将孩子单独留在家中或店铺里，迫不得已让孩子一个人在家里时，门窗要关好，并告诫孩子不要给陌生人开门。

不要让孩子独自在门外玩耍，也不要让孩子在没有大人看护的情况下跟随其他孩子外出玩耍。

不要把孩子交给任何陌生人看管，包括自称“老乡”的人，以及自称是某个家人或亲戚的朋友和同事。

无暇照顾孩子时，应把孩子交给可依赖的亲朋好友；同时，平时要与邻居和睦相处，遇事彼此照应。

另外，还要教育好孩子保护自己，像案例中的东东就很棒，家长给其灌输的安全意识比较到位。

建议家长给孩子灌输以下安全教育：

孩子能说话时，教会孩子背诵家庭电话号码，所住的城市和小区名，家庭成员的名字，等等。

教会孩子遇事打110电话求助。

告诉孩子不要听信陌生人的话，更不能跟着陌生人“找父母”或“找亲友”。

告诉孩子不要去荒凉偏僻的地方玩。

告诉孩子只有医生、父母才能接触他的身体，如果有陌生人这样做，要坚决拒绝。

不要吃、喝陌生人送来的食品、饮料。

教会孩子辨认警察、军人、保安等穿制服的人，教育孩子一旦在商场、超市、公园等公共场所和父母走散，马上找穿制服的工作人员，背出父母的电话号码，请工作人员帮忙联系父母。不要和任何没穿制服“好心帮助”的人走，如果被强行带走，要马上大声哭喊：“救命呀！人贩子要拐我！”

一旦被拐，抓住每一个机会暗中告诉好心人家里的电话号码，寻求解救机会，始终相信家人不会放弃寻找，不要被人贩子吓倒。

总之，幼儿期是一个特别需要保护的阶段，家长一定要给孩子灌输好自我保护意识，让他们学到、做到，规避摆脱人生中不可预测的危险。

多向幼儿园学习培养孩子自理的技巧

3岁半的知知，在家里被姥姥照顾得非常周到，可以说，他的日常起居，完全被姥姥包办了。妈妈不赞同姥姥的这种做法，建议姥姥不要包办，可是她平时上班，也没法弄清楚自己的建议是否被采纳。时间长了，她也只能听之任之了。

后来，幼儿园要开学了，妈妈给知知报了名，知知成了幼儿园里的一个小朋友。在刚开始去的几天，知知尿裤子，吃饭要老师喂，睡觉要人哄……可是没过多久，知知就能自己上厕所了，还能自己吃饭了。知知的表现，让姥姥和妈妈很惊喜，真不知道幼儿园有什么魔法把孩子的自理能力培养得这么好！

幼儿园和家庭不一样，幼儿园孩子多，老师不可能一一去照顾。幼儿园有一套系统的流程，孩子什么时候吃饭，什么时候上厕所，什么时候上课，什么时候玩游戏，什么时候喝水，等等，都安排得很有条理，并且孩子们在一起互相影响，互相模仿，当然很容易形成特定的作息规律，学会自理的技巧。

所以，父母在家养育孩子，不必包揽孩子的所有事情，该是孩子自己做的事情就引导他自己做。比如：

吃饭

当孩子断奶以后，大人就应该让孩子坐在餐桌前练习自己吃饭。可以给宝宝准备一把儿童座椅，给他准备小盘子、小碗，盛好饭菜，任由孩子抓着吃、挖着吃，大人不要去喂宝宝吃饭。

等孩子大些的时候，同样是锻炼孩子自己吃饭，不要喂，他想吃就吃，不想吃的时候就饿着。中间除了适量加餐，让孩子吃点水果、喝点奶之外，不要给任何零食吃。这样，孩子饿了就会老老实实地坐着吃饭。坚持这样训练，孩子就会形成良好的吃饭习惯，不必大人再追着喂，他也不会挑食、偏食。

睡觉

幼儿园孩子作息有固定的时间。所以在家里，家长也可以给孩子设定一套固定的睡觉时间，让孩子按时就寝。家长也遵守这个时间。久而久之，孩子就能养成良好的睡觉习惯。